教員志望学生の
不安や悩みをどう理解するか
―現代アメリカにおける支援実践から―

太田 知実

学文社

まえがき

　現在、若者の教員離れが加速していると言われる。当初は教員を志望して教員養成課程に入っても、途中で教職を断念してしまう者もいる。教職の労働環境の問題もさることながら、教育政策や保護者・住民による教員への期待や要請が高まるなかで、教員志望学生の教職に対する不安や悩みが大きくなっていることが推測される。教員養成では、どのように、彼らの不安や悩みを和らげつつ、かつ、良い教員として育てることができるのか。本書は、現代アメリカの動向を手がかりに、この問いに向き合うことを目指すものである。

　これまで、わが国の教員養成の議論では、望ましい教師像や資質能力の解明に焦点が当てられがちで、教員志望学生に対しては、それらの獲得を目指して、自己努力を強く求める傾向にあった。たしかに、教職は社会的要請の強い職業であり、教職に就く者には、高い使命感や倫理感が求められる。しかし、目下、若者の教員離れが進む状況において、教員養成の議論が、教員志望学生への高い期待を示すだけでは、教員志望学生の不安や悩みを適切に理解できず、ともすれば、学生は不安や悩みをより深めて、教職からますます遠のいてしまうとも考えられる。そもそも教員志望学生の多くは青年期にあり、様々な不安や悩みを抱えやすい時期にある。こうしたことに鑑み、本書では、社会的要請のみならず、青年期教育という観点から教員養成を論じることを試みる。

　本書が対象とする現代アメリカでは、まさしく教員養成担当者が教員志望学生の不安や悩みに対する理解を深め、彼らに支援的・ケア的に関わる動向が生まれている。こうした動向の背景には人種問題がある。アメリカでは、未だに教員志望学生の多くが白人である一方、公立学校の児童生徒の約半数は非白人である。文化が異なることで、教員や教員志望学生が児童生徒を十分に理解できず、適切な働きかけができないこと、とくに白人教員や白人教員志望学生は

無自覚にせよ、非白人児童生徒に対して、低学力・気質が荒いなどの偏見を持つ傾向にあることが問題視されてきた。これらの問題意識のもと、教員養成の場を大学・学校に閉じず、白人教員志望学生が非白人の多く住む地域に入り込み、人種問題をめぐる認識を反省・修正することが厳しく求められてきた。

だが近年、教員志望学生は非白人居住地域で人種問題への理解を進めるどころか、むしろ不安や悩みを強めて、反動的・反抗的態度を示したり、非白人居住地域で教職に就くことを断念したりすることが少なくないという事態に直面している。こうした事態を受け、アメリカ教員養成では、教員志望学生の不安や悩みを弱音だと厳しく捉えて独力で克服することを求めるのではなく、むしろ肯定的に理解して、その緩和を支援する動向が生まれている。本書はこうした動向を検討する。

上記動向の検討で得られる知見は、わが国の教員養成においても、教員志望学生の不安や悩みに丁寧に向き合う方途を見出す手がかりとなりうる。とりわけ、わが国でも、教員志望学生が外国にルーツのある児童生徒や障がいのある児童生徒など、社会的マイノリティに置かれがちな児童生徒を適切に理解・支援することがますます求められるなかで、示唆を得られると考えている。

わが国もアメリカと同様に、教員志望学生には、経済的に恵まれてきた者や学校で優等生であった者が多いと言われ、教員養成では、教員志望学生に対して、自らの優位性を自覚・反省し、社会的マイノリティに置かれがちな人々への認識を修正することを厳しく迫ることもある。しかし、アメリカの上記動向に照らせば、教員志望学生に厳しく反省・修正を求めるだけでは、事態は好転せず、むしろ教員離れをますます進めてしまうかもしれない。もとより、昨今の日米の社会的状況に鑑みれば、社会的マイノリティに置かれがちな人々への理解を促すことがいかに難しいかが浮き彫りになってきているようにも思われる。本書で示す知見が、そうした難題に向き合うことに少しでも役に立てば嬉しい。

本文でも述べる通り、若者の教員離れという問題は、教育政策で対応したり、大学や学校の教員だけが教員志望学生への働きかけを変えるのみでは十分に克

服・解決されえない。保護者や地域住民など一般市民が教員や教員志望学生への理解を深めることも重要となる。教員や教員志望学生を育てる・支えるという営みは、これからの学校教育、さらには、社会の在り方にも大きく影響する。本書が、大学・学校の教員のみならず、一般市民の方々もまた、教員という職業の難しさと魅力を考えるきっかけになれば、望外の喜びである。

著　者

目　次

まえがき　i

序章　教員養成において教員志望学生はどう理解されてきたか ………… 3
第1節　教員志望学生の置かれる問題状況　3
(1) 問題の所在　3
(2) 従来の教員養成論の特質と限界　4
(3) 現代若者論から見た教員養成論の発展方向性　7
第2節　分析の対象と視点　10
(1) 対象設定と先行研究の検討　10
(2) 分析の方法と視点　16
第3節　各章の構成　19

第1章　現代アメリカ教員養成における学生への「期待」とその課題
　　　　　―主導的論者としてザイクナーとスリーターに着目して― ………… 27
第1節　現代米国教員養成における主導的論者とその主題　27
(1) 現代米国教員養成研究の全体像　27
(2) 教員養成研究における学生の認識修正への焦点化　30
第2節　主導的論者による学生への期待の特質　31
(1) 主導的論者による地域実習の提案　31
(2) 学生に期待される認識修正の内実　36
第3節　学生の認識修正の困難さ―主導的論者の直面する課題―　38
第4節　小　括　41

第2章　大学における教員志望学生への支援の展開
　　　　　―ニューヨーク市立大学クイーンズカレッジの実践に着目して― ……… 45
第1節　検討対象事例の制度的位置　46
第2節　edTPAの基本骨格にみる理念と懸念　48

(1) edTPA の想定する学生の理想的な学び　48
　　(2) edTPA における理念の矮小化の懸念　51
　第3節　大学における支援的な省察実践の展開　53
　　(1) クイーンズカレッジの edTPA に対する姿勢の特質と意義　53
　　(2)「建設的批判」実践の内容と特質：省察の問いと形態の工夫に注目して　54
　第4節　学生の"自己評釈"にみる「建設的批判」実践の効果　59
　第5節　小　括　63

第3章　地域における教員志望学生への支援の展開
　　　　―ボール州立大学の地域実習を主軸とする実践に着目して―　……………… 67
　第1節　検討対象事例の基本的枠組　68
　　(1) 検討対象事例の特徴　68
　　(2) 実践の導入背景と概要　68
　第2節　地域メンターによる支援の基本的態度　71
　　(1) 学生への徹底的な共感・受容と安心感の醸成　71
　　(2) 地域の教育理念・活動への好奇心の喚起　72
　　(3) 地域活動への主体的参加の支援　72
　第3節　地域メンターの支援による学生の育ち　74
　　(1) 地域への偏見の払拭　74
　　(2) 地域に根ざす教育実践の創出へ　78
　第4節　小　括　83

第4章　現代アメリカ教員養成における教員志望学生への理解の転換
　　　　―ジャップらによる主導的論者への批判を対象として―　………………… 89
　第1節　主導的論者による学生理解の特質とその問題点　90
　　(1) 主導的論者による学生理解の特質　90
　　(2) 主導的論者の期待実現に向けた教員養成上の論点　93
　第2節　学生の"マジョリティとしての被抑圧感"への着眼　94
　　(1) 学生の"否定的感情"の肯定的理解へ　95
　　(2) 学生の"否定的感情"の発生要因　96
　　(3) 学生の"否定的感情"理解の深化　97
　　(4) 学生の"否定的感情"に対する理解の転換の要点　98

第 3 節　学生への肯定的理解に基づく支援の方向性の検討
　（1）"マジョリティとしての被抑圧感"の意義再考
　　　　：「白人性」や「不公正」への気づき　101
　（2）"マジョリティとしての被抑圧感"の緩和における重要点　103
　（3）"マジョリティとしての被抑圧感"緩和の意義
　　　　：教員の「権威性」の研磨へ　105
第 4 節　小　括　107

第5章　入職後の若手教員支援制度の創設
―ニューヨーク市サウスブロンクスにおける保護者組織の試み― ……… 111

第 1 節　対象とする地域の実態　112
第 2 節　若手教員支援制度の創設背景　115
　（1）CC9の一連の動向　115
　（2）CC9による保護者の教員理解への着眼　117
　（3）保護者の潜在力への期待　119
　（4）保護者の組織化過程における「親密圏」の位置づけ　121
第 3 節　CC9にみる「公共性」存立過程における「親密圏」の効用　124
　（1）CC9における「親密圏」の創出の意義：形成期　124
　（2）CC9における「親密圏」での学習の効用：展開期　126
　（3）CC9における私的経験と「公共性」の往還：安定期　129
第 4 節　リード教員プログラムの特質と意義　131
　（1）リード教員プログラムの運営形態　131
　（2）リード教員の特質とその意義　132
第 5 節　小　括　134

終章　現代アメリカにおける教員志望学生・若手教員への理解と支援 … 141

第 1 節　本研究の成果―各章の概括　141
第 2 節　米国教員養成・支援における"マジョリティとしての被抑圧感"との
　　　　向き合い　146
　（1）米国教員養成における学生の"否定的感情"理解の転換とその意義　146
　（2）米国教員養成における"場"の拡張とその意義　148
　（3）教員志望学生・教員が"マジョリティとしての被抑圧感"と向き合う意義　151

第3節　わが国の教員養成・支援への示唆——試論的検討　154
　第4節　今後の課題　157

補論　現代アメリカにおける多文化教育を基盤とした教員養成の展開 …… 161
　第1節　主導的論者の基盤としての多文化教育論　161
　第2節　多文化教育論による教員養成への提起　165
　　(1) 理想の教員像の提示　165
　　(2) 多文化教育論を基盤とした教員養成論の限界と発展方向性　166
　　(3) 「コミュニティ」に注目した教員養成の制度・実践へ　167
　第3節　大学-学校-地域の連携という発想とその課題　169
　　(1) 教員養成の"場"の「民主化」という発想　169
　　(2) 大学-学校-地域の関係構築をめぐる論点　171

参考文献　177
初出一覧　187
あとがき　189
索　引　193

教員志望学生の不安や悩みをどう理解するか
―現代アメリカにおける支援実践から―

序章
教員養成において教員志望学生は
どう理解されてきたか

第1節　教員志望学生の置かれる問題状況

(1) 問題の所在

　昨今、若者の教員離れが加速していることが問題視されている。その要因として、教職の労働環境・条件の劣悪さに対する懸念や不安が高まっていることが指摘され、制度面での改善が急がれる。たとえば、給与制度の改革が求められたり、あるいは、学校経営における多職種連携の促進などが提案されている[1]。

　だが、これだけで十分な対策と言えるであろうか。たとえば、教員志望学生の教職に対する率直な懸念や不安を調査したものによると、長時間労働に代表される過酷な労働環境に対してだけではなく、「保護者対応」や教職の「責任の重さ」などに対する懸念や不安も挙げられたとされる[2]。すなわち、学生の教職に対する懸念や不安は、過酷な労働環境・条件のみならず、現代社会における教員への期待・要請が高まっていることにも起因するのであり、まさにそのことに注目する必要がある[3]。

　現在、教員に対してどのような期待が高まっているのか、その期待によって学生がどのような懸念や不安を抱くかを整理すると、以下の二点が挙げられる。

　第一に、児童生徒の多様化・複雑化するニーズへの適切な対応が求められることである。現代的な教育課題として、外国にルーツのある児童生徒や障がいのある児童生徒の増加、いじめ・不登校問題などが挙げられる。文部科学省は教員に対し「子供の発達や学習を取り巻く個別の教育的ニーズを把握し、様々

な課題を乗り越え、一人一人の可能性を伸ばしていくこと」や「これまで以上に子供の成長やつまずき、悩みなどの理解に努め、個々の興味・関心・意欲等を踏まえてきめ細かく指導・支援」することを求めている[4]。従来にもまして、画一的・定型的な対応では不十分となり、個々の児童生徒の置かれる生活実態や社会構造上の課題を的確に見取り、個別的・特例的に対応する力が求められる。学生からすれば、自身が未経験の状況を想像・推測することが求められ、絶えず未知の事態に向き合わねばならず、うまく対応できないのではないかという懸念や不安が高まることが推察される。

　第二に、保護者・世間の教員に対する要望や期待が肥大化していることである。2010年代頃、マスメディアの影響を受けて「モンスターペアレント」問題が世間に膾炙し、学生にとって、保護者の理不尽な要求への対応は不安要素の一つとなった。その背景では、保護者の高学歴化や学校への不信感の増大などによって、教員への敬意・信頼が薄まっていることも指摘される[5]。あるいは、体罰・わいせつ事件や「教員間いじめ」などの教員の不祥事が報道されることも少なくなく、社会全体での教員への敬意が崩れ、厳しい対応を求める声が強まる傾向にある[6]。学生からすれば、保護者・世間からの厳しい視線にさらされることへの懸念や不安がますます高まっていることが推察される。

　このように現在では、学生は政策・保護者・世間からの厳しい視線とそれに基づく高い期待を感じ取り、懸念や不安が高まっていると考えられる。学生自身がこれらの懸念や不安を持つ度合いについては別途検討が必要だが、若者の教員離れの要因になっていることは容易に推測できる。そうであるならば、教員離れを抑止するには、養成段階において、学生の懸念や不安を的確に把握し、それらを緩和・軽減することが喫緊の課題だと言える[7]。

(2) 従来の教員養成論の特質と限界

　こうした課題意識に立ち、わが国の教員養成をめぐる議論を見てみると、従来は、望ましい教師像や資質・能力の解明とその獲得を促す観点に注力されがちで、学生の懸念や不安への対策は十分に検討されてこなかったと言える。た

とえば、教職課程認定制度や教職課程コアカリキュラムなどの政策動向に関する批判的検討が行われたり、政策動向への対応・対抗も視野に入れながら、研究者の立場から教員の専門性の内容・成立要件について検討・提言が行われたり、政策動向や専門性論を加味しながら、養成機関・カリキュラムの在り方などの制度的検討・提言が行われてきた。これらの議論はもちろん教員を追い込むためではなく、政策・社会において崩されんとする教職の誇りと使命を回復し、教員の立場を守るためにこそ展開されてきた面がある。

だが、ここで注目しておきたいのは、それは同時に、教員に対して高い期待の実現を厳しく求めることになってきた点である。たとえば教員の専門性論を展開した佐藤学は、教職とは「知性的で芸術的で高度の創造性と専門性」が必要な職業だとして、教員には、「子どもの幸福につながり、社会の発展に貢献」するという「公共的使命」を自覚し、専門的な知識と能力を獲得することはもちろんのこと、日々の実践のなかで学び続け、自身の力量向上に勤しむことを厳しく求める主張を展開する。

そうした期待は、とりもなおさず、養成段階における学生への厳しい期待を形作ることになる。たとえば、教育史の観点から教員養成制度の研究をしてきた船寄俊雄は、児童生徒に創造的な教育活動を行うことのできる教員になるためには、学生が「自ら問いを立て、その立てた問いに自らの独創的な答えを対置していく、学びの真髄を経験する」ことが必要だが、とりわけ昨今の学生は「自学自習の気風（課題設定・探究能力）が大幅に欠けている」と指摘したり、「自らが幼い頃より身に付けてきた教育観・教職観を問い直し、鍛え上げるという肝腎の作業をなおざりにしている」と叱責的な主張を展開した。

もとより教職は社会的要請が強い営みであり、養成段階から学生はその職責を自覚し研鑽に努めることは不可欠である。だが、冒頭で述べた通り、目下、学生が複層的な懸念や不安を強く感じていることを踏まえれば、従来の教員養成論の論調では、学生へのプレッシャーをますます高めてしまい、学生は教員になることへの懸念や不安を強めるおそれがある。さらに言えば、真面目に考える学生こそ、向き合わねばならない事態の大きさ・根深さに直面し、教職を断念・

忌避してしまうかもしれない[14]。

　こうした事態の解決を目指すとき考えるべきは、従来の教員養成の議論が、学生は素直かつ積極的に学ぶものと想定・期待しがちで、学生の学習過程や期待の受け止め方を十分に視野に入れてこなかった点である。小中高の教育では、学習者の受け止め方を丁寧に見取り、教員側の働きかけを発展させることが重要だと言われて久しい。大学とりわけ教員養成でも同様の試みが急務と言える。

　この観点からすれば、先ほど言及した佐藤は、教員の学習の在り方について丁寧に議論しており、注目に値する。周知の通り、佐藤は、米国哲学者のショーン（Schön, D.）の議論を参照して、反省的実践家という教師像を提起した。反省的実践家とは、教員が自らの実践に対して絶えず「省察と反省」を行い「実践的な知見と見識」を高めていく教師像である。反省的実践家にふさわしい学びの制度的要件として、学校を主たる場とする学びの共同体を形成することが主張される[15]。これらの提起は、学界・学校現場ともに大きな影響を与えており、理論的にも実践的にも意義が大きい。本研究も、基本的には佐藤の提起を発展的に継承することを目指すものである。とりわけ、教員が力量を高めるにあたり、他者が示した規範に照らしてではなく、同僚等との対話のなかで自分の意識や感情をも含めて言語化し反省・省察することを提起している点は示唆的である。

　とはいえ、佐藤の提起は教員志望学生が学校という学びの共同体に参入してくることを前提としている点に現代的課題を見出せる。近年の教員離れの増加を踏まえれば、そもそも学校という学びの共同体に参入しない者が増えていると言える。後に見る現代若者の実態からすれば、共同体への参入自体にプレッシャーを感じて、教職を忌避することも予想される。あるいは、世代継承という観点からも、教員の入り口部分である入職前の段階に視野を広げ、若者の教職への参入を支えうる議論・実践の方向性を見出すことは重要だと言える。

　以上から、教員養成において学生への期待を確実に実現するためにこそ、各教員養成担当者が暗黙裡に持っていた学生への理解を今一度自覚的に言語化し、改善・修正する方向性を見出すことが急務になると考える。その際には、養成

段階において、学生が教職に対してどのような懸念や不安を抱くのか、とくに教職への忌避感などの否定的な感情がどう発生するのかを丁寧に分析し、教員養成担当者はその緩和をどう支援できるのかを検討することが喫緊の課題として指摘できる。

(3) 現代若者論から見た教員養成論の発展方向性

もとより、先行研究においても、学生の教職に対する懸念や不安に言及する論考が現れつつある。しかし未だ、学生の窮状を的確に見定め、必要十分な支援の方向性を見出すには至っていない。ここでは、これまでに学生の教職に対する懸念や不安がどう描かれてきたのかを整理したうえで、現代若者に関する言説を参照し、本研究の検討の方向性を見出す。

教育社会学の見地から教員論を展開してきた油布佐和子は、近年、学生からスタンダードなどの他律的な規範を求める意見が出てきている実態に注目している。その理由として、「成果やプロセスを可視化する傾向が社会的に強くなっており、学校や教師に向けられたまなざしは厳しく、多くの教師がこうしたプレッシャーに曝され続けている」として、教員や学生は「こうした状況において不安に耐えきれない」と指摘する[16]。スタンダードは教職の他律化と専門的自律性の棄損につながるとも懸念されるが[17]、必ずしもそうした懸念が学生には共有されない実態がある。

あるいは、教育行政学・制度論の見地から教員養成論を展開してきた高野和子は、「教員養成の現場では、養成教育を受けている学生たちの間に、大学教育が直接の対象としていない同世代の若者たちに対する共感能力が著しく欠けている、あるいは、困難を抱えた子ども・若者を不真面目な者・劣った者ときり捨てることによって、なんとかこれまで守ってきた『自分』が崩れないように維持していると感じさせられる場面がある。ここを解きほぐさなければ、権力者的でもなく、また家父長的・温情主義的な保護者でもない教師に育つことはのぞめないだろう」と、学生の実態を指摘する[18]。

このように、学生の他律的で他者排斥的な側面が指摘されるが、それは教員

に限った話ではなく、現代社会において若者が置かれる状況に起因することに着目したい。若者支援政策を専門とする平塚眞樹は、イギリスの青年社会学者ファーロング（Furlong, A.）の枠組を援用し、「若者自身の間で、社会構造が作り出している課題までも個人の問題として認識されがちな逆説が生じて」おり、「実際には社会構造も強く関与して生み出された結果についてまで、個々人の努力や自己管理の成果としてみなされがち」で、「いかに問題を抱えていても、それが個人的トラブル、自分個人の責任とみなされている限り、不安や悩みを公論 public discourse へと組織していくことは困難」になっていると述べる[19]。こうして、学生は周囲の期待に応じることを過度に自分個人で果たすべき責任として捉え、自ら他者への助けを求めることができないままに葛藤や不安を強めると考えられる。

　こうした状況があるがゆえに、現代若者は他者の規範を求める他律的な心性を持つことになるとの指摘もある。長年にわたり、社会学の立場から現代若者論を展開してきた中西新太郎によれば、若者の身近な現実が「競争主義と自己責任がつらぬく秩序に変容させられ」ており、その状況では「とりあえずわが身をその場におけるようにする秩序（ルール）が欲しいと願うのは当然」だと指摘する。その帰結として、若者の「規範意識」が強まり「権威主義秩序に寄りそう心性」が生まれているという[20]。

　これらの課題に対し、どのような対応策を考えることができるのか。ここで示唆的なのは、生活指導論を展開した竹内常一の議論である。竹内もまた、子ども・若者が他律的な規範に依拠して他者を排斥しがちな実態を検討してきた。それは、社会状況に起因するだけではなく、昨今の教育改革を通して学校自体がそうした実態を強化する場になっていることを指摘する。すなわち、昨今の教育改革の目的は、「自己選択・自己責任」を原則とする「自律的人間」を育てることだと掲げられるが、「その実体は『自分自身を管理・統制（マネージメント）する排他的な経済主体（エージェント）』だ」という。「それは教育をとおして子どもたちのなかに包摂と排除の切断線を埋め込む」ものである。こうした事態が子どもたちの間に広がったとき、「できる子」が「自分たちの支配権

を守り抜くために、ときには露骨に、またときには陰湿に競争相手に対する『いじめ』をしかける」ことになると問題視する[21]。

　ここで確認しておくべきは、「できる子」は利己的に他者排斥的になるのではなく、彼らもまた、自らがいつ排除される側になるか分からない不安を抱えており、自分を抑圧し学校・社会が示す規範に過剰適応しているおそれがあることである。この事態を打開する教員を育てるためには、まず教員養成において、学生自身が不安を自覚・緩和し、自己責任論や他者排斥的な考え方を解きほぐせるように支援することが必要になる。

　竹内は、以上の問題事態を克服すべく、前提とする人間像を次のように"弱い個人"として捉え直すことを提起する。すなわち、「依存することのない自立した主体、自分自身に全面的な責任を持つ主体」ではなく、「人間は弱く脆い存在であり、それゆえに相互依存関係にある存在ととらえる」ことを提起する。子ども・若者がそうしたことを実感できるようにするには、教育の場で、「安全・安定・安心を守る場」、「差異のある他者と出会い、自他の差異を学び合う場」、「自分の必要＝要求の社会的承認を求める場」を作り出すことが必要だとする。そうしてようやく、「他者の生きづらさに共感する民主的な感受性が生まれ、他者を対象化・客体化し、『もの』と見なしてしまう自分自身からの解放、自己疎外からの解放を求めて、他者の生活と生き方に共感的に関与し、集団や世界の在り方に批判的に参加しようとするものが現れ」ると提起する[22]。

　本章冒頭で述べた学生の実態を踏まえれば、現代若者論や"弱い個人"論を踏まえて、教員養成論を発展する必要性が提起できる。近年、若手教員支援の文脈では、そのような論調が少しずつではあるが現れてきている。初任・若手教員の苦悩に注目した議論を展開する久冨善之は、行政や管理職による若手教員に対する圧力を断罪し、校内のみならず校外で若手教員が葛藤・苦悩を共有・ケアし合える場を作る必要性を述べる[23]。杉原真晃は若手教員のリアリティ・ショックに焦点化して、「学校現場における困難な状況の想定」「『できないこと』を受容すること」「学校職場を超えた仲間づくり」など若手教員の典型的な不安を解明し、教員養成段階でもそれを軽減する対策を講じることが必要だ

と提起する[24]。これらは学生や若手教員の葛藤や不安に寄り添おうとした点で示唆的である。だが、支援を意識するばかりに、もっぱら学生や若手教員を保護対象とみなしがちで、彼らの持つ潜在力を引き出すという観点は十分ではない。

改めて、現代若者の特質を踏まえつつ、学生の潜在力を引き出しうるような教員養成の議論と実践を発展する方向性を見出す必要がある。ここで注目したいのは、先に触れた高野が、青年期教育の観点から教員養成論を発展させることを提起している点である[25]。すなわち、「『あるべき教師像』から教員養成の課題を設定する発想や、『現代の子どもの問題状況から教員養成に必要な内容を考える』アプローチでは十分ではない」として、学生を「先行する世代から批判的にまなざされている青年期後期の一員」として見て、「現代の青年期後期がさらされている困難の社会構造的背景を分析し、困難をぬけだす方向性を探ることで、若者の長期にわたる進路選択プロセスのあり方を考え、その中に教師へと育つ／育てる教員養成を位置付けること。これは否定的にとらえられがちな青年期後期の状況を、逆に、"子どもと通じる"教師が出現可能な条件であるととらえ直そうとすること」が提起される点である[26]。本研究は、高野の提起に則り、一見、否定的に捉えられる若者の実態を丁寧に汲み取りつつ、学生・若手教員を非力な存在とみなすのではなく、彼らが持つ力を最大限に高めることを目指して、教員養成の議論と実践の発展可能性を見出すことを目指す。

第2節　分析の対象と視点

(1) 対象設定と先行研究の検討

以上の課題意識に立つとき、近年の米国教員養成の議論と実践の動向は非常に示唆的である。近年の米国教員養成では、教員養成担当者の学生への理解のあり方を転換し、学生が養成段階で抱える葛藤・不安を丁寧に分析し、その緩和を支援する議論と実践が展開され始めている。本研究はそうした動向を対象として、その特質と意義を解明することを目的とする。

本研究が分析対象とする議論は、先行研究において「社会正義を志向する教

師教育（teacher education for social justice）」として論じられてきたものである。同議論の展開動向や特質は改めて第1章以降で丁寧に検証するが、ここでは、米国内での議論の主導的論者について簡潔に整理し、わが国でそれらがどのように分析・検討されてきたかを概括する。

現代米国教員養成研究を牽引する論者の一人と目されるコクラン＝スミス（Cochran-Smith, M.）は、主に教員養成の政策動向や研究動向の整理・分析を行ってきた。そのなかで、「社会正義を志向する教師教育」を昨今の主たる研究動向の一つとして同定している。現在、「新自由主義的な政策動向下で学校現場が不公正を再生産する」動きもあるが、同動向は、それに対抗して、「人種・民族・階層・言語で困難を抱える実態に立ち向かえるような教員」を育てる重要な議論として注目される[27]。

「社会正義を志向する教師教育」を牽引してきた主導的論者として、ザイクナー（Zeichner, K.）が挙げられる。ザイクナーは、1980年代から教員養成の場をめぐる議論を展開してきた。大学での理論的な学びに終始せず、現場経験（field experiences）を重視したが、とくに注目すべきなのは、学校での教育実習とも区別して、非白人の多く住む地域での実習の導入を提起・推進してきたことである[28]。その背景には、今もなお教員の多くが白人である一方、児童生徒の約半数は非白人であり、教員が児童生徒の生活や文化を的確に理解できず、適切な教育的働きかけをできていないという問題がある。その問題への対応が養成段階でも求められてきた。ザイクナーは、大学・学校で学ぶだけでは、従来の教育現場で重視されてきた価値観（テストスコアの向上や学習規律の遵守など）を過度に正当化してしまうことを問題視する。白人教員志望学生は非白人児童生徒に対して、生来的に学力が低い、気質が荒いなどと偏見を持って接しがちで、白人児童生徒に対してよりも不当に厳しく接することもあると言われる。つまりザイクナーは、白人教員志望学生が非白人児童生徒に不当な「権力性」を行使することへの問題意識を強く持っていた。

こうした問題認識のもとザイクナーは、教職への入職後に、非白人文化への敬意を持ち、非白人児童生徒のニーズを適切に汲み取れるようになるには、教

員養成段階で白人教員志望学生が非白人居住地域に長期間入り込み、当該地域の文化や教育資源を知ることが必要だとした。そこでは、学生が非白人に対して、無自覚にせよ、ステレオタイプや蔑視を抱きがちなことを自覚し、その認識を反省・修正することが期待される[29]。

　白人教員志望学生の認識反省・修正をめぐる議論は、とくに2000年代以降、活発化する。教育における公正・平等を真に実現するためには、学生が単に知識として非白人文化を知るだけでは不十分であり、学生が自らの人種をめぐる認識を振り返り修正することを促すことが喫緊の課題だと強く意識されるようになったのである。この議論は、学生に対して、単に学校内での教科教授のスキルを向上することを求めるだけではなく、社会不公正の是正というマクロな視点まで視野に入れることを求めるものである。

　学生の人種をめぐる認識反省・修正に焦点化した議論の主導的論者としてスリーター（Sleeter, C.）が挙げられる。スリーターはかねてより白人の現職教員の人種をめぐる認識に焦点化して、彼らがしばしば白人中心主義に陥ることを問題視してきた。その知見に基づき、白人教員志望学生が白人中心主義に立ち、非白人への偏見やステレオタイプを修正しづらいという課題の解決に正面から取り組んだ。具体策としては非白人居住地域での実習の導入を重視し、ザイクナーの提唱を下支えする議論を展開している[30]。だが、学生は地域で、人種をめぐる認識を修正するどころか、反動的・反抗的態度や当該地域での教職断念に陥ることも少なくなかった。そうした事態を受け、本研究が検討する通り、白人教員志望学生に人種をめぐる認識修正を求める厳しい論調に対して疑義が呈され、論争が起きているのである。

　わが国でも、ザイクナーやスリーターなど米国の主導的論者は紹介・検討されてきた。教育経営学の見地に立つ髙野貴大は、ザイクナーらの議論を検討して、教員の専門性の要件として、「眼前の教育実践と社会正義とを連関」させて「省察」を行うことを位置づけて、学生に公共性への意識づけを行うことの重要性を打ち出した[31]。そのうえで、教員の専門性の獲得を保証するための養成プログラムの具体的な在り方について検討を行っている[32]。教育制度論や比較教

育学の観点から、佐藤仁は、コクラン＝スミス、ザイクナー、スリーターらの議論を取り上げて、「社会正義を志向する教師教育」の議論が出てきた歴史的背景や一連の議論の主要な視点・問いを概括的に整理している。それらを通じて、昨今わが国でも子どもの多様性への対処が求められるが、その際には、対症療法的・補償的な視点ではなく「社会全体にもたらす利益を理解する」視点を持つことの重要性を打ち出している[33]。これらは、米国の動向を検討することを通じて、わが国の教員養成で目指すべき理念・方向性を発展させており注目に値する。本研究も、教員養成担当者が学生にかける期待としては、こうした論考の提起に則り、その発展を目指すものである。

　だが、これらの議論は、従来の教員養成の議論と同様に、教員志望学生への期待をますます高めるものになってしまっている。その期待の実現可能性を高めるためには、次の二点について、さらなる検討が必要となる。第一に、学生の人種をめぐる認識修正とそれに伴う葛藤・不安についてである。先にあげた髙野は、学生は「自身のアイデンティティをシアトル学区（検討対象事例の展開地区）の児童生徒の多様性と照合して把握」（括弧内は筆者補足）することが求められるとしたり、佐藤は「社会とのかかわりの側面の前提として、教師個人の意識変化や知識の獲得が位置付けられ」ると言及するなど[34]、学生自身のアイデンティティや意識をめぐる課題が重要だとしつつも、その局面に焦点化した検討を行っているわけではない。だが現在米国では、まさに、学生の認識修正の促し方をめぐり論争が起きており、この局面に特化した丁寧な議論が必要となっている。

　第二に、教員養成において非白人の多く住む地域に参入し実習することがいかなる意味を持つのかについてである。髙野が検討したプログラムでは、「地域の教育課題解決を目指す」ことが意識されるが、あくまで学校での実習を対象としている。佐藤は「学校や地域といった文脈に応じた自律的な取り組みを展開する点に、社会正義に向けた教師教育の特徴がある」と言及しているが[35]、学校と区別して地域で実習することの意義は見出されていない。だが、学生の認識修正という観点からすれば、地域実習の位置づけこそ重要なものとなる。

本研究ではこの点について詳細に検討したい。

　他方、教育経営学・教育制度論とは異なる見地から、教員・教員志望学生の人種をめぐる認識修正に特化した議論はいくらか展開されてきた。教育史の見地から米国の動向を検討した中村雅子は、スリーターの見解に則り、白人教員は「支配的な文化や制度に問題があるとはとらえ」ず、「自らの権力と当然の優越視を内化するので自問に抵抗する」として、「支配的集団にとって暗黙に前提されてきた普遍性や規範性の、支配的集団自身による相対化」が重要とする。そこでは、「人種主義を個人の偏見や行為とみなし、それをただすことによって『解決』しようとするアプローチとは区別されねばならない」という留意点も記される。だが、養成段階の学生を過度に抑圧せずに、認識修正をいかに実現できるかは検討されていない。多文化教育の見地から教員養成制度・プログラムの展開を検討した松尾知明は、プログラムの焦点が「教員志望学生のもつ自文化中心主義的な意識の克服」にあることを指摘するが、学生がいかなる過程で「意識の克服」を果たすのかは十分に明らかにされていない。

　ここで注目に値するのは、上森さくらによるザイクナーの理論と実践に関する検討である。彼女は、学生がどのような過程で認識修正を果たすのかを検討している。そこでは、理論を学習するのみならず、学校現場で実習を行い、そこでの児童生徒との関わりについて省察することで、子どもの生活背景と社会的構造のつながりを理解するとともに、学生自身が「社会的構造のどこに位置しているのかということを認識させる仕掛け」を作ることが重要だったと解明しており、示唆的である。

　だが、この事例は成功例・模範例であり、学生が人種をめぐる認識修正に対して抵抗感や忌避感など否定的感情を抱いた局面に焦点化し、その発生機制や克服方途が検討されたわけではない。このままでは、学生がどのような過程で、人種をめぐる認識修正や教職を断念するのかは不明である。教員離れを抑止するには、学生が抵抗感や忌避感を抱く局面にこそ焦点化し、その緩和と克服を目指すことが重要となる。

　まさしく、最近の米国教員養成では、学生が認識修正の断念・諦念に至りそ

うな局面に焦点化し、どのような葛藤・苦悩を抱えているのかを丁寧に分析し、教員養成担当者がその緩和を支援する実践と議論が展開され始めている。これは、近年の米国の政治情勢に象徴されるように、もはや白人だからといって社会的経済的に優位にあるとは限らず、人種差別をめぐって白人側から反動的な動きが見られることとも連関しているように考えられる[40]。こうした社会動向との関係性に鑑みても、差別意識の反省のみを求める論調では、事態は解決しないようである。

　本研究が対象とする議論と実践は、先に挙げたザイクナーやスリーターらの主導的論者と同様に、人種をめぐる認識修正を学生に期待しつつも、その期待の実現方途については、主導的論者の限界を乗り越える可能性を持つものである。その特徴は、教員養成担当者が学生の成長途上での率直な思いや不安を丹念に聞き出し、学生の内面を緻密に捉えたうえで、自らの研究と実践を改善しようとしたことにある。本研究では、これらの議論と実践を対象として教員養成担当者がどのように学生への理解を変え、どのような支援を始めているのかを明らかにし、その特質と意義を解明することを目的とする。

　学生の内面を重視する本研究の立場に照らせば、筆者自身が学生の内面の深い部分までをも直接的に聞き取るべきとも考えられるが、言語のみならず関係構築の観点から困難であり、学生自身の語りなどは秘匿性が高いために資料の入手は容易ではない。また、本研究は、学生を支援・指導する教員養成担当者に対する提起を目指すものである。そのため上記の議論と実践は検討対象として適切だと考える。

　具体的な作業としては以下の通りである。まず、従来の米国教員養成の議論を対象に、教員養成担当者側の学生への期待とその前提にある学生に対する理解を整理する。次に、大学・地域それぞれの場において、教員志望学生の本音・欲求を肯定的に理解し、その緩和を支援しようとした実践に注目する。そのうえで、昨今、米国教員養成の議論において論争が起きている実態に着目し、教員養成担当者側の学生に対する理解の転換と支援の展開について現代的到達点を見出す。最後に、入職後に視点を移し、若手教員の教員離れを防ぐべく、彼

らを支援する実践の検討を行い、現代若者を支える教員養成・支援の在り方を見通すことを目指す。

(2) 分析の方法と視点

本研究の分析の方法と視点としては、以下の二点を設定する。

第一に、教員志望学生の"否定的感情"に着目し、とりわけ教員養成担当者がそれをどのように理解し、どう向き合おうとしているのかに焦点化する。先にも述べた通り、従来は教員養成の議論自体が学生に期待を高くかけており、そのことが教員離れの一因になっているおそれがあった。言い換えれば、養成担当者側の学生への向き合い方こそが教職の継続や断念を大きく左右する可能性がある。

改めて述べれば、従来、教員養成の議論では、教員養成担当者側の学生への期待のみが論じられがちで、学生がその期待をどう受け取るかは十分に視野に入ってこなかった。教員養成担当者は、学生が素直かつ積極的に努力する態度を期待し、学生が葛藤や不安を抱え、教職への意欲が減退することなど、養成実践における負の側面については、学生の主体性や努力の不足に帰しがちだったと言える[41]。目下、日米ともに教員離れが加速していることを踏まえれば、学生の教職に対する葛藤や不安、それに伴う教職への意欲の減退を、学生の主体性や努力の不足として切り捨てるのではなく、教員養成担当者こそが養成実践における負の側面を直視し、その発生要因と克服方途を考える必要性が出てきている。

こうした課題意識をもとに、本研究では学生の"否定的感情"と言うべきものに着目する。ここでの"否定的感情"とは広い意味で捉えれば、喜びや楽しさという肯定的な感情とは正反対で、学生に負荷がかかり、教職への意欲の減退につながる感情である。米国教員養成ではとくに、白人教員志望学生が非白人児童生徒を目の前にして教職を目指すとき、複層的な"否定的感情"を抱くことが注目され始めている。この"否定的感情"は、総じて差別意識の助長や再生産につながるおそれがあるものであり、対象に即して、他者理解として非

白人文化への抵抗感や嫌悪感、自己理解として自らの優位性の自覚に伴う引け目や罪悪感、社会理解として差別問題の根深さに直面し、教員の公共的使命を自覚することに伴う困難感や無力感などを挙げることができる。

　もちろん教員養成担当者からすれば、学生の"否定的感情"は、養成修了時までに克服できるよう促さなければならないものではある。だが、これまでの教員養成の議論では、教員養成担当者が学生の"否定的感情"を抱くこと自体も含めてもっぱら否定的に扱ってきたために、学生からすれば、"否定的感情"を抱いてしまったとき、その緩和の方法が分からず、克服可能性を狭めてしまっていたのではないだろうか。

　こうした見解に基づき、本研究では、一見、否定的に捉えられる学生の"否定的感情"を否定せず肯定的に理解しその緩和を支援することが、教員志望学生の教員離れを抑止しつつ公正に資する教員を育てるための打開策になると仮説的に考える。まさに、最近の米国教員養成の動向は、そうした取り組みを試み始めたものと捉えられる。ここに、米国教員養成を分析対象にすることの意義を指摘することができる。本研究は、米国において、教員養成担当者が学生の"否定的感情"への理解をどのように転換し、その緩和をどう支援し始めているのかを検討し、仮説の検証を試みる。わが国でも米国に類似して、学生には、外国にルーツのある児童生徒や障がいのある児童生徒など社会的マイノリティに位置する児童生徒に向き合うことがますます期待されるなかで、教員離れが加速している。わが国では両者の連関が論じられることは少ないが、米国の動向の検討を通じれば、この問題状況の的確な把握と克服に向けた重要な示唆を得られると考える。

　第二に、教員養成の"場"の拡張とその意義に着目する。これまで日米ともに教員養成の主たる場は大学であり、他の場所としては実習の場として学校が含まれるくらいだったが、[42]近年の米国では、教員養成を構成する基本的な"場"が地域社会へと確実に広げられている。わが国でも、教員養成における地域との連携は多少議論されている。[43]しかし、教員養成における地域での経験としては、週末に子どもの参加できる地域イベントを企画したり、大学の附属校では

なく公立学校で学習に遅れがちな児童生徒のサポートを行うことなど、幅広く取り上げられ、そうした経験の意義としては、もっぱら教員志望学生が児童生徒の生活背景や文化を知ることのみに重きが置かれがちだった。そこでは、公立学校で活動を行うことと地域で活動を行うことが明確に区別されず、教員養成で地域活動を取り入れることで、学生の教育・教員に対する考え方がどのように変わるのかは十分に探求されてこなかった。

　他方、米国では、(1)で確認したように、学生が児童生徒の生活背景や文化を正確に理解することが、教員としての不当な「権力性」を抑止することと連関して論じられていた。その実現策として、教員養成における場を学校とは明確に区別して非白人の多く住む地域に広げ、教員志望学生の人種をめぐる認識修正を求めていたのである。ところが想定とは異なり、いわば意図せざる帰結として、学生の教員離れに直面している。教員として不当な「権力性」を行使することを否定され人種をめぐる認識修正を厳しく求められることで、学生が"否定的感情"を抱いたり教職を断念するおそれがあることが見えてきたと言える。

　ここで注目すべきは、先にも言及した佐藤学による教員の権力性をめぐる分析である。佐藤によれば、教員の不当な権力性は、教員の利己心によるのではなく、保護者や社会が教員に対して「過酷な期待と過剰な告発」を繰り返し、教員が「教職に対する誇りや使命」を見失ったために生み出されるものである[44]。地域と学校の関係調整を重視して教育制度論を展開してきた山下晃一は、同様の問題意識を持ち、教員制度の在り方を考える際には、「教員の資質能力や専門性自体を高めるだけでは限界も感じられ」、保護者や地域住民など「社会側の尊敬・信頼等の予期内容に働きかけ、変容を促すこともまた必要・可能な作業となる」と提起していた[45]。両者の議論を合わせると、教員による児童生徒への不当な権力性をなくすためには、教員のみが変化・成長するのではなく、保護者や社会側の教員に対する「過酷な期待と過剰な告発」などの「社会側の予期内容の変容」を促すことと両立させることが有効な方策の一つになると考えられる。

こうした様々なアクターの力学や相互作用を視野に入れるべく、本研究は教員養成の"場"を"空間"として捉えることを目指す。本研究では、とくに教員志望学生・入職直後の若手教員が若者の一人であることに焦点を当て、彼らが教職に参入する際には十分に社会的資源や力を持たないことに注目する。彼らは保護者・住民、教員養成担当者や学校の教員など周囲の先行世代から様々な影響を受けやすいと考えられる。教員養成は、大学や地域などの"空間"で展開されるわけだが、その力学はいかなる制度が準備されるかによって異なってくる。これらは、ゆくゆくは教員志望学生や若手教員が保護者や児童生徒にどう向き合うかを大きく左右すると考える。そこで、本研究では、制度によって生成される空間、いわば"制度空間"のなかで、教員志望学生や若手教員が保護者や住民からどのような作用を受けているのかに着目する。

　こうした観点から、本研究では、教員養成の場を地域へと広げる議論と実践について、大学教員と学生という従来からの教員養成の主要なアクターのみならず、地域社会における保護者や地域住民が学生をどう理解するか、また、その理解がどう変化しうるかに注目する。すなわち、教員志望学生のみに焦点化するのではなく、保護者・地域住民の教員志望学生に対する理解の変化と教員志望学生の成長・変化の両方を照らし合わせる形で、米国教員養成の議論と実践の今日的動向について検討を進める。

第3節　各章の構成

　以上の課題意識や分析の方法と視点に基づき、次章以降の各章は次のように構成される。

　第1章では、本研究の前提として、昨今の米国教員養成の議論全体を概括したうえで、本研究が対象とする議論と実践の位置づけを確認する。そのうえで、従来の議論における主導的論者を同定し、彼らが学生に対してどのような期待をかけるかを分析する。米国教員養成では根強く残る人種問題を解決すべく、白人教員志望学生が非白人居住地域における施設見学・学習などの地域実習に

参加し、自らの人種をめぐる認識を修正することを期待している。だが主導的論者によれば、そうした期待は必ずしも容易に実現せず、学生は反動的・反抗的態度を示したり、認識修正や教職の断念に陥りがちな実態があることを指摘する。主導的論者はそうした実態を解決するためにこそ、非白人居住地域での実習とそこでの認識修正をますます重視していることを示す。

　第2章・第3章では、学生に対して、期待の実現を厳しく迫るのではなく、学生の率直な思い・考えを聞き取り、それを肯定的に理解することを出発点に据えて、彼らの成長を丁寧に支援する実践例を取り上げる。第2章は、スタンダード導入下で大学において学生支援を工夫した事例を、第3章は、非白人居住地域において地域住民が学生支援を工夫した事例を、それぞれ取り上げる。

　第2章では、ニューヨーク市立大学クイーンズカレッジ (Queens College of the City University of New York) において、新たなスタンダード (edTPA: educative Teaching Performance Assessment) が導入されたなか、大学教員が学生の率直な思いや要望をどう理解して、いかに支援しようとしたかを検討する。まず、検討の前提としてedTPAの理念と懸念点を確認する。クイーンズカレッジは、edTPAへの批判意識を持ちつつも、学生のスタンダードへの率直な捉え方に寄り添うことを出発点にして、学生が着実に非白人児童生徒への理解を深められるように支援している。同事例の検討を通じて、大学教員による学生理解の転換と支援の展開可能性を検討する。

　第3章では、ボール州立大学 (Ball State University) において、地域実習を主軸に据えて展開された養成プログラムを検討する。第1章で見るように、非白人居住地域での実習は、学生にとって心理的負担が大きい面があり、教職に対する反動的・反抗的態度や断念を引き起こすことが懸念されるものである。同事例では、そうした懸念を前提としつつも、学生が地域で学ぶことを重視し、地域住民が学生支援を引き受けている。地域住民が、学生の本音や苦悩をどのように理解し、人種をめぐる認識修正をいかに支援したのか、また、それは教員になるうえでどのような意義を持ちうるのかを検討する。

　第4章では、以上の実践的検討を踏まえて、改めて昨今の米国教員養成の議

論に焦点化する。第2章・第3章で見出した実践的提起について、一歩深めて理論的意義を見出すべく、とくに第1章で検討した主導的論者に対して論争を挑む議論を対象として検討を行う。そこでは、主導的論者による学生理解に対して、どのような問題が指摘され、学生理解をいかに転換することが提起されているのか、それを基にどのような着眼点を持って学生支援を行うことが重要とされているのかを明らかにする。それらを通じて、米国教員養成の議論の現代的到達点を見出すことを目指す。

　上記の章では教員養成に焦点を当てるが、新たな学生理解は緒についたところで、とくに地域での支援的な養成実践は十分に蓄積されていない。また、たとえ養成段階で教員離れを阻止できたとしても、入職後の勤務環境によって、教職を続ける意欲がそがれる可能性も否定できない。教員離れの抑止を実現するには、入職後まで視野に入れ、入職後の教員が同僚や保護者・社会にどのように支援されうるかまで検討することが必要になる。いわば、教員の生涯発達という観点を重視しながら現代若者を支える教員養成・支援の議論と実践について、より確かな見通しを持っていくことが重要となる。

　こうした課題意識を持ち、第5章では、入職直後に視点を移し、地域住民による若手教員支援の可能性を検討する。萌芽的事例として、ニューヨーク市貧困学区において、非白人保護者を中心とするNPO組織の働きかけの結果、若手教員支援制度が導入された事例を検討する。当初、当該地域の保護者は教員に対して嫌悪感・不信感を抱いていた。だが、NPO組織での活動を進めるなかで、保護者は若手教員を責めるのではなく支援することが必要だと理解を変えたという。保護者の教員に対する理解が転換する過程に焦点化し、保護者が教員に対する理解を転換し支援実践を展開するための要件解明を目指す。

　終章では、現代米国における学生・若手教員に対する理解の転換と新たな支援実践の展開について、その特質と意義を明らかにする。そのうえで、わが国の教員養成・若手教員支援への理論的・実践的示唆を導出することを目指す。

　補論では、本研究が対象とした動向の理論的背景を検討する。一連の研究動向が多文化教育論を基盤とすることに注目し、とりわけ主導的論者が多文化教育論

の提起をどのように導入し、自らの主張を形成したかを明らかにする。本論で検討するように、主導的論者の主張には課題があるとされるが、補論では、その課題が生まれる理論的背景を明確にすることを試みる。

註

1) 髙橋哲『聖職と労働のあいだ』岩波書店、2022年。文部科学省「学校における働き方改革に関する取組の徹底について（通知）」2019年3月18日。など。
2) 教育新聞「【揺れる教員志望学生】生涯教員27％ 長時間労働と保護者に不安」2022年7月14日。教育新聞「【揺れる教員志望学生】『子供たちのため』と私生活の両方重視」2022年7月29日。教育新聞「【揺れる教員志望学生】部活動と給特法が負のイメージに」2022年8月19日。
3) 以下、「学生」と表記するときは、教員志望学生を意味する。
4) 中央教育審議会答申『「令和の日本型学校教育」の構築を目指して』2021年1月26日（同年4月22日更新）、10、17頁。
5) 小野田正利『イチャモン研究会』ミネルヴァ書房、2009年。小野田正利『普通の教師が普通に生きる学校』時事通信社、2013年。
6) 読売新聞では、2020年9月25日から、特集記事「許すな わいせつ教員」が連載されており、2021年6月4日には、議員立法として「教育職員等による児童生徒性暴力等の防止等に関する法律」が成立している。
7) 実際に、教員養成大学において教員志望学生の不安に向き合う実践が始められているようである。だが、緒についたばかりで、今後、実践の蓄積が求められる。教育新聞「【揺れる教員志望学生】学生の不安に向き合う 養成大学の模索」2022年8月17日。
8) 日本教師教育学会編『日本の教師教育改革』学事出版、2008年。同編『緊急出版 どうなる日本の教員養成』学文社、2017年。など。
9) 佐藤学『教師というアポリア』世織書房、1997年。石井英真「教員養成の高度化と教師の専門職像の再検討」『日本教師教育学会年報』第23号、2014年、20-29頁。など。
10) 三石初雄「教師研究の構図と特質」日本教師教育学会編『教師教育研究ハンドブック』学文社、2017年、64頁。船寄俊雄編著『現代日本の教育史2 教員養成・教師論』日本図書センター、2014年。岩田康之『「大学における教員養成」の日本的構造』学文社、2022年。など。
11) 佐藤学『専門家として教師を育てる』岩波書店、2015年。日本教師教育学会編、2017、前掲。など。
12) 佐藤学、同上、37-43頁。佐藤自身の意図としては、研究者が教職の理想や規範を提示し、教員志望学生や教員がそれに沿って学習するという想定や実態を明確に批判している。だが本研究では、佐藤の主張は絶えざる反省と研鑽を

求めるものであり、彼の意図には反して、教員志望学生にとっては高い期待・規範だと感じられかねないことに注目する。
13) 船寄俊雄「開放制教員養成システムについて考える」日本教師教育学会編『日本の教師教育改革』学事出版、2008年、95頁。船寄俊雄「戦前・戦後の連続と断絶の視点から見た『大学における教員養成』原則」『教育学研究』第80巻、第4号、2013年、402頁。
14) 脳性まひ当事者である小森淳子は、大学で講義をした際、受講生の意見を受けて今の若者について次のように考察する。「彼らは、私たち世代よりずっと進んだ人権思想や人権意識のなかで、生まれ育っています。(中略) 私たちが体験したことがないような息の詰まる環境で、私たちが想像しえないような研ぎ澄まされた人権感覚をもって育ったということ。その生きづらさは (中略)、時に深い傷つきをともなって、彼らの内心を縛っているとは考えられないでしょうか。よく今の若者たちを『指示待ち人間』と簡単に言う人がいます。彼らは決して指示を待っているわけではなく、自分から一生懸命動こうとしても、いろんなことを考えすぎてしまい動けないのです。忘れてはいけないことは、私たちには、彼らに上から目線であれこれ言う資格はないということです。だって、こんな息苦しい環境をつくってしまったのは、私たち大人なのですから。」小森淳子「若者たちの生きづらさ」全国障害者問題研究会『みんなのねがい』2022年8月号、No.679、7頁。
15) 佐藤学、1997、前掲、61-65頁。佐藤学、2015、前掲、119-122頁。
16) 油布佐和子「教師教育改革の課題」『教育学研究』第80巻、第4号、2013年、484頁。
17) 浜田博文「ガバナンス改革における教職の位置と『教員育成指標』をめぐる問題」『日本教師教育学会年報』第26号、2017年、48頁。
18) 高野和子「教員養成と大学改革」『教育学研究』第70巻、第2号、2003年、181頁。
19) 平塚眞樹「日本の若者問題をめぐる'公共圏と規範'」樋口明彦・上村泰裕・平塚眞樹編著『現代社会研究叢書4　若者問題と教育・雇用・社会保障』法政大学出版局、2011年、284頁。
20) 中西新太郎「社会を知ることと生きること」教育科学研究会『教育』2021年9月号、80-81頁。
21) 竹内常一『新・生活指導の理論』高文研、2016年、204頁。
22) 同上、217、222-224頁。
23) 久冨善之『日本の教師、その12章』新日本出版社、2017年。
24) 杉原真晃「新人教員の苦悩に対して教員養成には何ができるか」『山形大学大学院教育実践研究科年報』第3号、2012年、40-50頁。
25) 高野の他にも渡部昭男が、青年期教育の観点から教員養成の分析を試みるが、学生へのアンケート調査からカリキュラム改善策を検討したのみで、志望者の

葛藤・不安や成長にはほとんど焦点が当てられていない。渡部昭男「教員養成カリキュラムの改善に関する調査研究」『鳥取大学教育学部研究報告 教育科学』第27巻、第2号、1985年、411-437頁。

26) 高野和子、2003、前掲、181頁。
27) Cochran-Smith, M., Villegas, A. M. et al., "Research on Teacher Preparation: Charting the Landscape of Sprawling Field", Gitomer, D., Bell, C. A. (eds.), *Handbook of Research on Teaching, Figth Edition*, American Educational Research Association, Washington, DC, 2016, pp.516-518.
28) 米国では今もなお、人種によって居住区域が分かれる傾向にある。以後、非白人の多く住む地域を非白人居住地域と表すこととする。
29) 代表的なものとして、Payne, K., Zeichner, K., "Multiple Voices and Participants in Teacher Education", Clandinin, J., Husu, J., *The Sage Handbook of Research on Teacher Education*, Sage Publication, California, 2017, pp.1101-1116. Zeichner, K., Payne, K., Brayko, K., "Democratizing Teacher Education", *Journal of Teacher Education*, Vol.66, No.2, 2015, pp.122-135. Zeichner, K., *Teacher Education and the Struggle for Social Justice*, Routledge, New York, 2009.
30) 代表的なものとして、Sleeter, C., "Preparing Teachers for Culturally Diverse Schools", *Journal of Teacher Education*, Vol.52, No.2, 2001, pp.94-106. Sleeter, C., "Preparing White teachers for Diverse Students", Cochran-Smith, M. et al. (eds.), *Handbook of Research on Teacher Education, Third Edition*, Routledge, New York, 2008, pp.559-582.
31) 髙野貴大「現代の教職理論における『省察(reflection)』概念の批判的考察」『日本教師教育学会年報』第27号、2018年、105頁。(髙野貴大2018a)
32) 髙野貴大「アメリカにおける『社会正義』を志向する新たな教員養成プログラム」『日本教育経営学会紀要』第60号、2018年、112-127頁。(髙野貴大2018b)
33) 佐藤仁「アメリカにおける『社会正義を志向する教師教育』に関する一考察」『名古屋高等教育研究』第20号、2020年、195-212頁。伊藤亜希子・佐藤仁「多様性を志向する教師教育に関する基礎的研究」『国際教育評論』第16号、2020年、35-39頁。
34) 髙野貴大、2018b、前掲、120頁。伊藤・佐藤、同上、39頁。
35) 髙野貴大、2018b、前掲、123頁。佐藤仁、2020、前掲、203頁。
36) 中村雅子「多文化教育と『差異の政治』」『教育学研究』第64巻、第3号、1997年、286-287頁。
37) 松尾知明『アメリカ多文化教育の再構築』明石書店、2007年、164頁。
38) 上森さくら「K.ツァイヒナーにおける多文化教育と教員養成プログラム」『教育方法学研究』第36号、2011年、73-83頁。

39) 同上、82頁。
40) ヴァンス, J. D.、関根光宏・山田文訳『ヒルビリー・エレジー　アメリカの繁栄から取り残された白人たち』光文社、2017年（原著2016年）。
41) 先述の船寄の教員志望学生に対する厳しい指摘（船寄2013）や、政策批判に際して学生の自主性や主体性の尊重が繰り返されがちなこと（油布2017など）が、こうした事柄の象徴だと言える。ただし本研究は、学生の自主性や主体性を尊重すること自体を否定するものではなく、学生が自主性や主体性を発揮するためにこそ、支援が必要になってきているという立場にある。（油布佐和子「教員養成の再編——行政主導の改革のゆくえ」日本教師教育学会編『緊急出版どうなる日本の教員養成』学文社、2017年、46-69頁。）
42) 米国では、大学を主とする伝統的な教員養成と区別されて、オルタナティブルートが準備されている。とはいえ、異なるのはプログラムの内容・年数であり、講義を受ける場は大学、実習の場は学校が想定されており、教員養成が行われる場所については伝統的な教員養成と大きく変わらない。
43) 伊藤佐奈美・釆睪真澄・花井忠征・楊奕・影浦順子「地域と連携した実践的指導力を育成する教員養成プログラム」中部大学現代教育学研究所『現代教育学研究紀要』第14号、2020年、37-43頁。紅林伸幸「地域とともに教師を育てる」『滋賀大学広報誌　しがだい』第23号、2006年、8-11頁。森透「地域と協働する実践的教員養成プロジェクトの構想と実践」『日本教師教育学会年報』第14号、2005年、128-138頁。
44) 佐藤学、1997、前掲、3-17頁。
45) 山下晃一「教員の専門性と社会的予期の相互調整をめぐる問題」『教育制度学研究』第19号、2012年、160-161頁。

第1章
現代アメリカ教員養成における学生への「期待」とその課題
―― 主導的論者としてザイクナーとスリーターに着目して ――

　本章では、本研究の前提として、昨今の米国教員養成の議論全体を概括し、本研究が対象とする議論と実践の位置づけを確認する。そのうえで、従来の議論における主導的論者を同定し、彼らが教員志望学生に対してどのような期待をかけるかを分析する。具体的には、まず、現代米国教員養成研究を牽引する論者の一人と目されるコクラン=スミス（Cochran-Smith, M.）のレビューを対象として、教員養成研究の全体像を把握し、本研究が対象とする議論の位置を確認する。次に、主導的論者としてザイクナー（Zeichner, K.）とスリーター（Sleeter, C.）を同定し、彼らが学生にかける期待の特質を解明する。目下、主導的論者はある課題に直面しているという。最後に、その課題とはどのようなものかを明らかにする。

第1節　現代米国教員養成における主導的論者とその主題

(1) 現代米国教員養成研究の全体像

　本節では、本研究の前提として、現代米国教員養成研究の全体像をつかみ、本研究が対象とする議論の位置を確認する。ここで対象とするのは、現代米国教員養成研究を牽引する論者の一人と目されるコクラン=スミス（Cochran-Smith, M.）らによるレビューである[1]。同レビューでは、2000年から2012年までに刊行された教員養成制度・実践をめぐる1,500以上の査読付の実証的論文を網羅的に扱い、教員養成をめぐる広大な研究動向をテーマ・トピックに基づ

いて分類・布置することが目指されている。そのため、本節の作業課題に適した対象と言える。

　彼らはレビューに際して、現在の教員養成研究の背景にある社会的・歴史的・政治的文脈に注目する (図1-1)。教員養成研究の社会的・歴史的・政治的文脈として、グローバルな知識基盤型経済 (Global knowledge-based economy)、世界規模の集団移住 (World mass migration)、新たな市場・新たな社会的文化的生活の状態 (New markets, new conditions of social/cultural life) を挙げる。具体的には、製造業や有形財を基盤とする工業社会から情報に関連する商品やサービスの製造と分配を主とする知識社会へと発展したこと、この発展によって、新しい労働者市場や新しい製造と消費の型が生まれ、世界規模での移住が起きていることを指摘する。これらが現在の教員養成研究の背景にあるとする。社会の変化との関係性に焦点を当て教員養成の動向を把握しようとする点に、コクラン＝スミスらのレビューの特徴がある。

　こうした社会的・歴史的・政治的文脈の下で、教員養成研究のプログラムはどのように展開しているのか。コクラン＝スミスらは三つの動向として、①政

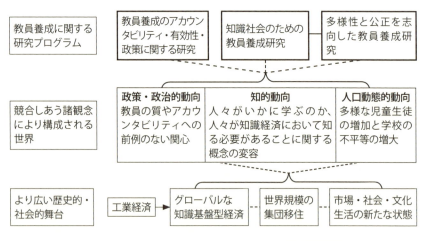

図1-1　歴史的に位置する社会実践としての教員養成研究

出所：Cochran-Smith, M. et al., 2016, p.442を基に筆者作成。

策・政治的動向（policy/political trends）：教員の質やアカウンタビリティへの前例のない関心（unprecedented attention）、②知的動向（intellectual trends）：知識社会において、人々がどのように学ぶか、何が知る必要のあることかについての概念の変容、③人口動態的動向（demographic trends）：多様な児童生徒人口の増加と学校の不平等の増大に分類・布置している。各動向では、どのような考えに則り、いかなる教員を育てることが大事とされるのか。また、その実現に向けて教員養成の議論はどのような発展が求められるのか。以下に概括的に記しておく。

　第一に、政策・政治的動向として同定されるのは、新自由主義や市場原理に則り、児童生徒の学力テストの点数を効果的に上げる教員を育てることを目指す研究である。これらの研究は、個人をもっぱら経済成長に資する人的資本として捉え、個人と国家の経済的成功を教育の成功と捉える。そこでは、グローバルな競争に勝ち抜く児童生徒を育てることが重要な目標とされる。それを促進すべく、教員養成の議論では結果（outcome）を重視したアカウンタビリティ政策の導入が重要な検討課題になっている。

　第二に、知的動向として同定されるのは、経済社会により求められる知の変容とそれに伴う学習観の変化を指摘し、新たな教員像を打ち立てる必要性を唱え、その養成の在り方を検討する研究である。工業社会が知識社会に変化したことに伴い、児童生徒は単に知識を獲得するだけではなく、知識・情報を主体的に用いて他者と協働して課題を発見・解決するスキルを獲得することが必要になった。それに伴い教員は、児童生徒に知識を伝達する者ではなく、児童生徒が既有事項をもとに新たな知を創出することを助ける「ファシリテーター」としての役割を果たすことが求められ始めているという。そうした教員を育てるべく、教員養成の議論としては、学生による課題解決型学習を組織化し、学生自身が主体的・協働的な学習を経験できるような制度・実践の在り方が検討されている。

　第三に、人口動態的動向として同定されるのは、多様性と公正を志向して教育活動を展開できる教員を育てることを目指す研究である。その背景には、米

国独自の学校・教員をめぐる問題状況として、人種による根強い差別意識・教育格差が残存することが指摘される。現在、児童生徒の約半数が非白人であるのに対し、教員の約9割が白人であると言われる。また、非白人児童生徒が多い地域には経験の浅い教員が配置されがちで、教員の離職率が高く、児童生徒のニーズを的確に捉えられず、彼らの発達を保障できていないことが問題視される。教員養成の課題としては、非白人教員志望学生の人数を増やすことを目指しつつ、目下の課題として、白人教員志望学生の信念(beliefs)に焦点化し、非白人児童生徒の置かれる生活・文化背景を理解し、多様な児童生徒への教育方法・内容の組み立て方を学べるようにする必要性があると提言されている。コクラン=スミスらによれば、一つ目のアカウンタビリティや政策に関する研究は新自由主義を促進させる側面があるのに対して、三つ目の多様性と公正を志向した教員養成研究は、その対抗軸を示す面があるとされる。

(2) 教員養成研究における学生の認識修正への焦点化

本研究が対象とするのは、(1)で挙げた内、三つ目の多様性と公正を志向した教員養成の研究である。ここでは改めて、同動向の理解を深めるべく、その歴史的経緯について確認しておきたい。すでに述べた通り、この動向の背景には、未だに根強く残る人種問題がある。周知の通り、米国では、1950年代から1960年代に公民権運動(civic rights movement)が行われ、1964年には法律で人種差別が禁止された。それ以降、教育の平等を目指す法改正・政策改革が行われてきた。

教員養成政策においても、1970年代から本格的に対策がなされてきた。まず、全米の教員養成機関によって構成されるアメリカ教師教育大学協会(American Association of Colleges for Teacher Education：AACTE)は、教員に求める資質・能力として、文化的多様性の理解を加えた。そして、養成機関の認定を行うアクレディテーションの役割をAACTEから引き継いだ全米教師教育アクレディテーション協議会(National Council for Accreditation of Teacher Education：NCATE)は、1979年に養成機関のカリキュラムを評価する基準に多文化教育

論を追加し[2]、対策を講じてきた。多文化教育論を通して、白人文化のみならず、黒人やヒスパニック等の文化への理解を促すことで、学生がときに非白人に対して抱くステレオタイプや偏見を払拭することを目指した。

しかし、教育現場における人種間格差は容易には解消せず、今もなお、白人児童生徒と非白人児童生徒との間では学力格差が根強く残る[3]。

その要因として次の二つが挙げられる。第一に制度的要因として、非白人が多く住む地域には、経験年数の浅い教員が配置されがちで、彼らは先輩教員から十分な支援を受けることができないことや、教員の退職率が高く、非白人児童生徒に対して適切な教育活動ができる教員が増加しないことが挙げられる。第二に根本的要因として、教員には白人が多く、非白人児童生徒に対して偏見・ステレオタイプを強く持ちがちで、非白人児童生徒は生来的に低学力と決めつけたり、非白人文化を蔑視することが挙げられる。

そこで、1990年代頃から教員養成では、大学・学校で知識として非白人児童生徒への理解を促すのみならず、非白人の多く住む地域での実習を導入し、白人教員志望学生の非白人への認識を根本的に反省・修正することに注力され始め、2000年代頃からその議論は活発化している。そこでは、多文化教育・多様性の尊重にとどまらず「社会正義（social justice）を志向する」という表現が用いられ、人種差別の解決を主として社会構造の抜本的な改革を目指すことが教員養成の重要な役割・目標だと強く打ち出されることになった[4]。

第2節　主導的論者による学生への期待の特質

(1) 主導的論者による地域実習の提案

本節では、主導的論者による学生への期待の特質を見出すことを意識しながら、彼らがどのような養成プログラムを提案しているのかを検討する。

人種問題の解決を目指す研究で提唱されるのは、養成実践を大学のみで展開するのではなく、非白人居住地域での実習を養成プログラムに導入することである。その主導的論者としてザイクナーを挙げることができる。

ザイクナーによれば、1940年代頃から学校での教育実習に閉じずに地域実習を導入し、学生による児童生徒の生活理解を深めることは提唱・推進されていたようだが、上記のように人種問題の解決が強く意識され、同実践に関する議論が展開し始めたのは1990年代頃である。地域実習の形式・内容は多様で、多文化教育の講義の単位取得要件として非白人居住地域でのボランティア活動を求めたり、長期休業期間中に非白人居住地域にホームステイし、児童生徒の生活を体験するプログラムを実施したりする。たとえば、住民の案内によって地域を探検し、その歴史や文化を知り、教育活動に使える地域資源を発見したりする[6]。

ザイクナーの提唱を受けて、今では様々な論者が教員養成における地域実習の導入を主張するようになっている。ここでは、その動向を地域参入型教員養成と呼ぶこととする。地域参入型教員養成が主張される際、教職専門開発学校（Professional Development School：PDS）との差異化が意識されることが多い。PDSは、1986年に私立教育機関のホームズグループにより導入されたものである。それは、大学での学問的な学びに終始せず、学校現場での臨床経験を行うことで、教職について実践と理論の学びを往還させながら理解を深めることが目指されている。わが国でも、教職の専門職性向上を目指した制度改革の動向として肯定的に取り上げられてきた[7]。他方、米国では、社会不公正の是正という観点から見れば、PDSには限界があると指摘されている。この点を検討することはPDSの是非を正確に判断するうえでも重要である。

まず、地域参入型教員養成を重視する論者が、どのようにPDSとの差異化を図るかを検討することで、その主張の核心を確認する[8]（**表1-1**）。教育の目的として、PDSは現在の政策動向のように経済発展を重視する産業社会の担い手を創出することが目指されるが、それとは異なり、地域参入型教員養成は、既存の社会の在り方に則るのではなく、未来社会の在り方を主体的に考えられる人間を育てることを目指すものだとする。学校教育の目標としては、単なる学力向上ではなく、非白人児童生徒が自文化に対して誇りを持ち、自己肯定感を持つことができるようにすることが掲げられる。こうした考えのもと、教員志

第1章　現代アメリカ教員養成における学生への「期待」とその課題　33

表1-1　PDS と地域参入型教員養成の比較

		PDS	地域参入型教員養成
原則・重要コンセプト	教員の専門性をめぐる考え方	教師の専門職化（professionalize）・学問的専門性（academic expertise）の高い教員文化の構築	専門特化（specialization）を目指すと、教員を地域から遠ざけてしまうと懸念
	児童生徒の発達の捉え方	児童生徒の学業成績の向上	学業上の発達にとどめず、個人的ウェルビーイング・文化的承認・社会参加などを含んで広く把握
	制度間接続	大学と学校の連携を強調	学校と地域の接続を強調
	学校の位置	教育の卓越性を有するもの	地域を支援するもの
観点	学生の学び	教科特化型	文化的知識・文化関係観の獲得
	教員の捉え方	専門家	公共の奉仕者
	教育の捉え方	学校内部に限定	地域も視野に入れて、広く把握
	養成の目的	学業成績の差を埋める	児童生徒の生活や文化を理解する
連携で重視すること		学校内の人員の活用	学校外・地域の人員の活用

出所：Boyle-Baise, M., McIntyre, J., 2008 を基に筆者作成。

望学生に対しては、専門家ではなく公共の奉仕者として、非白人児童生徒に対して優位に立たずに対等に向き合うことを求める。

とはいえザイクナーによれば、PDS は当初の理念としては多文化教育や社会正義を軽視していたわけではなく、むしろ重視し多様な文化的背景を理解することを目指していたという。だが、学校と地域を一括りに捉え、大学と学校の連携を主張したために、非白人への理解が十分に進まなかったと指摘する。なぜなら、大学側の権力性・優位性が保持され、大学で産出された知が学校や地域に一方的に伝えられるのみになりがちで、実践知から学問知が問い直されることはなかったからだとする（図1-2）。その問題は、大学側が学校教員に対して対等な敬意を払わないことや、非白人居住地域の文化や生活に関する知識を十分に持っていないことにある。

さらに上記問題が生まれる背景には、次の難しさがあるとする[9]。第一に、そもそも、非白人の地域住民と学校・教師との間には根強い不信感があり、学校と地域を一括りに捉えることは適切ではないとされる。その背景には、歴史的な人種差別の問題がある。そのため、大学・学校・地域が協働するには、時間・資源・感情などのあらゆる面で多大なコストがかかり、実現が容易ではない。

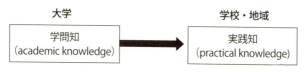

図1-2　従来の教員養成における大学・学校・地域の関係

　第二に、大学・学校は比較的、目的を共有しやすいが、それは自覚的ではないにせよ、白人中心主義に親和的になりやすく、非白人居住地域への貢献とは大きく異なる方向性を示すことが挙げられる。大学は地域貢献より自身の研究領域での学術的要請に即した知識の産出が優先となり、学校は政治的な（イデオロギー上の）対立に巻き込まれやすい状況にある。こうしたことから、大学・学校における教育は学界や政界といった権力性を帯びたものに左右されやすい。

　こうした状況を克服し、非白人居住地域の文化や価値観を尊重するためには、教員養成実践において、大学・学校の有する白人中心主義的な既存の学校文化・権力構造を解体することが必要だという。そのために、具体的実現策として、従来のように大学と学校で区別するのみならず、学校ではなく非白人居住地域を教員養成プログラムに適切に位置づけることを重視するのである。

　では、地域を教員養成実践にどのように位置づけることが提案されるのか。ザイクナーは「知識」に注目して主張を展開する。大学の学問知、学校の実践知と並列するものとして、"地域の知識（地域知）"を位置づける（図1-3）。教員養成は、地域と家庭が持つ知識と長所（assets）を生かして実践を設計・実施す

図1-3　ザイクナーらによる教員養成における大学・学校・地域の在り方の提案

る必要があり、学生には、大学・学校・地域の各知識の専門性（expertise）を統合することを期待する。

　これまでの教員養成実践における"地域知"の活用形態は、以下三つに類型化される。

　第一に、学習資源として"地域知"を捉えるものである。これは、大学での基礎科目や多文化教育の講義において、地域実習を導入する形態を指す。地域実習では、家庭の状況・情報を活用して児童生徒への教授方法を開発することなどが含まれる。

　第二に、非白人の教員志望学生や学生を支援するメンターのリクルートの場として地域を捉え、彼らの持つ知識を"地域知"として重視するものである。当該地域で育った人は、非白人児童生徒の生活背景をよく知り、彼らの発達を支えるために適切に働きかけられると考える。彼らの"地域知"に学びながら、学校での教育活動を改善することを目指すものである。

　第三に、地域課題解決に協働する者として地域住民を捉え、彼らが持つ知を"地域知"として重視するものである。この立場では、教育問題を住宅環境や健康、雇用などのその他の社会問題の一部と考える。そして、学生は地域住民による"地域知"と大学で獲得する学問知とを活用して、学校の教育活動を改善するのみならず、地域課題を解決・変革することが目指される。

　このように三類型に分けたうえで、ザイクナーは、二つ目・三つ目の活用形態が理想と主張する[10]。すなわち、非白人居住地域を単なる教員養成の実践場として活用するのみならず、非白人の地域住民を教員養成担当者の一員として迎えることを提唱し、地域の生活や文化を学ぶことが重視される。そこでは教育課題のみならず、地域社会の課題の解決も目指されており、学生が地域社会の発展に貢献することが求められている。米国では、こうした主張を土台に、教員養成における地域実習の導入が推進されている。わが国でもザイクナーの議論は紹介されてきたが、彼の主張の核とも言える、地域住民が積極的に関わる地域実習の導入については十分に焦点が当たってこなかった[11]。だが、ザイクナーの提唱によって、米国教員養成における地域実習の導入の必要性が広く共

有されていることに鑑みれば、一連の動向の特質と意義を正確に理解するためには、地域実習の導入を通じて学生にどのような変化や成長が期待されるのか、詳細な検討を行う必要がある。

(2) 学生に期待される認識修正の内実

　第1節 (2) で触れた通り、白人教員志望学生は、地域実習を行うことで、自らが非白人文化に対してステレオタイプや蔑視を持ちがちなことを自覚し、人種をめぐる認識を修正することが期待されている。ここでは、学生の認識修正として具体的にどのようなことが期待されるのかをより深く検討する。

　昨今の教員養成の議論の動向を俯瞰的に検討したコクラン＝スミスは、多様性と公正を志向した研究において、学生に期待される認識修正について次のように整理する。①他者について、②社会について、③自分について、の三つの観点で「信念を変える (altering beliefs)」ことが重要視されるという。[12]

　それぞれの内容は次の通りである。①は、主に非白人居住地域への怖さを和らげ、自身と異なる文化背景を有する他者へのステレオタイプをなくし、差異の価値を尊重する精神を培い、社会的マイノリティが多く住む場所で教えることへの抵抗をなくすこと、②は、学校制度においてどのように、一部の学習者は有利に、他の学習者は不利になるのかという、制度における抑圧への理解を促進し、多様な児童生徒に対する不適切な信念を修正し、逆に抑圧されてきた集団の強みを見出すこと、③は、自身の個人的な体験やそれを支えてきた制度について反省的に捉え直し、より広い社会関係の中で、抑圧されてきた人々への固定的・否定的な捉え方を変えて、人種・民族性・階層・言語などが自身の人生観や世界観の形成にどのように影響してきたかを理解することである。学生は、制度・社会の問題を、自分の観方・捉え方に絶えず戻りながら深く捉え直し、修正することが求められると言える。

　制度・社会の問題と自分の観方・捉え方をどう往還させるかという点においては、再びザイクナーの議論が注目に値する。ザイクナーは、地域資源の重要性や強みを知ることによって、自文化に関する知識と文化的な無知を修正する

ことが重要とする。その実現に向けて、ザイクナーの提案について学生の認識修正に焦点化して検討した上森に従えば、以下の学びが必要だとされる。第一に、子どもの生活背景と社会的構造のつながりを理解すること、第二に、自文化と異文化を相対的に把握し、社会的構造に隠された特権階層を明確化すること、第三に、文化的特権階層が作った社会の評価基準を転換しようとすることである。

　これらを総括的に述べれば、学校や教員が社会不公正の再生産に加担する懸念があることを学び、「学生自身が社会的構造のどこに位置しているのか」を認識し、「異文化の世界あるいは子どもの世界を自分自身とは異なる世界として考えるのではなく、それら（異文化）の世界と自文化の世界が地続きである」ことを認識することが必要だという。すなわち、人種問題は、決して他人事ではなく、間接的にせよ自分の認識や行為が加担している可能性があり、自分事として向き合うことを期待しているのである。

　人種をめぐる認識修正についてより深く検討し、ザイクナーらにも影響を与えた主導的論者としては、スリーターが挙げられる。彼女によれば、白人教員志望学生に対して人種をめぐる認識修正を期待するとき、学生に自らの社会的優位性、とくにそれに最も大きな影響を与える「白人性（whiteness）」と向き合わせることが重要となる。「白人性」とは、非白人文化を周縁化し、白人文化を社会の支配的文化とする白人中心主義のイデオロギーを指す。

　その背景には、白人教員が「白人性」を帯びる既存の学校文化に"便乗して"、非白人児童生徒に対して未だに偏見やステレオタイプなどの否定的眼差しを向け、「権力的」・「抑圧的」に接しがちという問題がある。しばしばその実態は、白人教員が非白人児童生徒を「欠陥枠組（deficit framework）」で捉えると表されてきた。それは、「非白人児童生徒が学校で失敗するのは、彼らが内的欠陥（internal deficit or deficiencies）を抱えるため」という枠組である。内的欠陥とは、「限定的な知的能力や言語能力の欠損、学習動機の欠如、道徳的でない行動」などを指す。

　たとえば学生は、写真でしか見ていない段階で、白人児童生徒に比べて非白

人児童生徒の成績をより低く見積もる傾向にある。その理由として、彼らの家庭が教育を重視していないからなどと思い込んでいる。それを正当な評価と思い、人種差別と認識しない。そして、非白人児童生徒を、生来的に低学力で態度が悪く、教育実践を「妨害する」存在と捉えがちである。このままでは、非白人児童生徒への学力保障のための手立てが不足し、彼らの学力向上を妨げるおそれがある。極端な場合、白人教員は彼らを「校則にさえ照らさず、任意で罰し退学に追い込む」こともあるという。[17]

　ここで確認しておくべきは、教員の不当な非白人児童生徒への接し方として、「白人性」を土台として、教員の「権力性」を発現させる点を問題視していることである。その把握のもと、学生には、「白人性」を自覚し修正することで教員としての「権力性」を排し、非白人児童生徒と対等に向き合う教員になることを期待するものであると言える。この「白人性」と「権力性」との関係は、第4章にて再検討する。

第3節　学生の認識修正の困難さ――主導的論者の直面する課題――

　主導的論者は以上のように議論を展開してきたが、目下、ある課題に直面している。想定したほど容易には、学生は認識を修正しなかったのである。むしろ、学生は自らの認識が誤っていたとは認めず、非白人文化に対する偏見やステレオタイプを強化する事例さえあるという。

　先に挙げたザイクナーは、地域実習を導入した事例を検討したなかで、もっとも難しい局面として次のように指摘する。「学生は最初は楽しんで入っても、価値観が全然違うことによって、怒りを覚えたり、感情的な危機（emotional crisis）に陥ることがある。それを乗り越えられなければ、ステレオタイプが強化されることすらある。どうしてもステレオタイプがなくせない場合は、撤退を求められる」という。[18] 現在、学生が地域実習で"否定的感情"を抱き反動的・反抗的態度に陥ったり、認識修正ひいては教職を断念したりすることは、一部の学生に見られる例外的な反応ではなく、養成実践において取り組むべき課題

として共有されている。

　学生は人種をめぐる認識をなぜ変えづらく、反動的・反抗的な態度へと帰結しがちなのか。この課題に向き合うべく、スリーターの議論をより深く検討する。彼女の問題提起は第1節（1）で検討したコクラン＝スミスらにも参照され、現在の米国教員養成の主要な問題として受け止められている。したがって、学生の課題をめぐる議論の動向を的確に理解するには、スリーターの議論の検討が欠かせない。

　スリーターは、入職前の段階である教員養成において「圧倒的な白人性の存在 (the overwhelming presence of whiteness)」がみられると指摘する[19]。社会正義を志向する教員養成実践を行っていたとしても、白人教員志望学生は「白人性」を帯びた行為・発言をすることが多いという。たとえば、白人教員志望学生は、多文化教育や英語以外の言語に関心が薄いことを如実に態度で示し、非白人教員志望学生が人種差別について率直な思いや経験を語ることができない状況を作ることもある。スリーターはこうした問題を例示し、学生の「白人性」をめぐる課題が根深いことを指摘する。

　とはいえ、法律上で人種差別が禁止されて久しく、あからさまな人種差別は少なくなったとも言われる。問題なのは、白人が、本人としては人種差別をしている自覚はなく、平等・公正に非白人に接していると誤認しがちなことである。「私は人種で人々を見ていない。単に一人の人間として接している」とカラーブラインドネスの立場を取ることで、人種差別に向き合うことを避けたがることを指摘する。

　スリーターによれば、学生の人種をめぐる認識には、以下の課題があるという[20]。すでに確認した通り、一般的傾向として、学生の非白人児童生徒の捉え方が「欠陥枠組 (deficit framework)」に陥りがちだという。その要因として、以下の二点を挙げる。

　第一に、人種差別の捉え方として、社会資源配分の不公正など、歴史的・社会的な要因によるものと理解することが困難で ("dysconscious")、それを個人的な人間関係の問題だと彼らは考えてしまう[21]。そのため、他者に対する開放的

な態度があれば解決すると信じており、たとえ、非白人が特別な配慮を要求しても、単なる「泣き言(whining)」で配慮不要と捉えがちである。

第二に、白人文化やそれと親和的な学校文化を「他者も望むべき規範(the norm to which others should aspire)」だと仮定する。たとえば、学習態度としては静かに座っていることが当然適切だと考え、活発で騒がしい児童生徒について、それが学習に必要な行為であったとしても、学業に集中していない問題行動(off-task or disruptive behavior)として捉えてしまう。

こうした問題が生じる原因として、学生はそれまで非白人と出会った経験が少なく、非白人文化について無知であり、彼らに対する怖さ(fear)を持続させがちだと指摘する。だが、学生の多くは「良き人々(good people)」で居続けることを望み、間違ったことを言って緊張が生じるのを恐れ、人種差別について議論することを避けるという。

ここで確認しておくべきは、スリーターは、学生の"否定的感情"を人種上の間違った認識に基づくものであり、かつ、自分自身の保身のために抱くものだと、否定的に理解していることである。学生の認識修正の過程に即して言えば、学生の努力・反省不足の帰結として捉えている点も注目する必要がある。

先にも挙げたコクラン＝スミスらによれば、学生の認識修正を重視する研究の多くが理論的根拠として依拠するのが、以上のスリーターの議論だという[22]。彼女の議論は多くの米国の研究者によって的確な整理として受容されていると言える。すなわち、学生の認識修正が困難という課題に直面しながらも、改めて学生の認識を修正させる要は、彼らを非白人の多く住む地域に送り出す実践を一層推進し、その良さを理解させることによって、自文化の特権性(white privilege)を反省させることだと明確に打ち出され、米国教員養成の議論で共有されていったのである。

以上の検討を踏まえて、主導的論者による学生への期待の特質を整理する。学生が非白人居住地域に入り、他者の「良さ」を知ることで、自らの従前の認識がいかに誤っていたかに気づき、それを修正することを求める。言い換えれば、非白人居住地域は、白人教員志望学生の自己認識の振り返りと反省・修正

を促す触媒として位置づけられていると言える。

　主導的論者が学生の認識修正をどう理解しているかという観点でまとめると次のように整理できる。当初の段階では、学生は、自文化を善き・正しいもの、非白人文化を未熟で修正すべきものだと捉えがちである。だが、学生が非白人居住地域に入れば、非白人の生活・文化に対して敬意が生じ、非白人文化を善きものとして捉えるようになり、偏見やステレオタイプをなくすことができる。同時に、それに照らし返される形で、学生が自らの文化を善きものとは限らないと考え始め、自文化に対する特権視を反省的に修正すると考えられている。そうすると、教員になった際に、非白人児童生徒に対して不当に「権力性」を行使することを抑止し、彼らと対等に向き合うことができると考えられているのである。総じて、昨今の主導的議論における学生への期待は、学生への否定的理解に基づくものであることが指摘できる。

第4節　小　括

　本章では、本研究が対象とする議論と実践が、現代米国教員養成研究においてどのような位置にあるのかを確認し、その主導的論者を同定し、学生にかける期待の特質とその課題を確認した。

　その結果として、まず、本研究が対象とする議論と実践は、人種問題を背景として、多様性と公正を志向した教員養成研究であることを確認した。教員養成における人種問題の核心としては、教員志望学生に白人が多く、彼らが無自覚のうちにせよ、非白人児童生徒に対して偏見やステレオタイプを持ち、不当な権力性を行使することが懸念されていることを指摘した。

　学生への期待の大枠として、第一に、米国の公立学校では非白人児童生徒が多い一方、教員には白人が多いため、人種をめぐる不平等解消が進まないという問題意識が重要な前提とされていること、第二に、この前提をもとに、教員に期待される様々な資質・能力のなかでも、非白人児童生徒の生活や文化的背景について理解を進め、非白人児童生徒への適切な教育的働きかけができるよ

うになることに注力されることを確認した。

　さらに一歩踏み込んで検討すれば、学生がしばしば、無自覚にせよ非白人文化を劣位視し、その犠牲の上に自文化（＝白人文化）に安住してきたことを深く反省することが求められており、いわば学生にかかる期待はさらなる深まりが生じていることを明らかにした。その実現策としては、大学・学校で行う実習等とは別に、非白人の多く住む地域で、地域施設見学や地域住民との交流などの地域実習に参加することが提案されている。ここに、非白人居住地域が単なる学びの場ではなく、学生の認識修正を促す触媒としての役割が求められていることを指摘した。

　しかし主導的論者によれば、教員養成担当者側の学生への期待は容易には実現しておらず、学生は非白人居住地域において疎外感や嫌悪感などの"否定的感情"を抱き、非白人に対するステレオタイプを強化するなど反動的・反抗的な態度を示したり、認識修正を断念することも少なくない。主導的論者はこうした問題を認識しながらも、"否定的感情"は努力・反省不足の帰結だと否定的に理解しており、その克服のためにこそ、非白人居住地域での実習を強く促進し、学生の認識修正をより強く期待していることを示した。

註

1) Cochran-Smith, M., Villegas, A. M. et al., "Research on Teacher Preparation: Charting the Landscape of Sprawling Field", Gitomer, D., Bell, C. A. (eds.), *Handbook of Research on Teaching*, American Educational Research Association, Washington, DC, 2016, pp.439-547.
2) 佐藤仁『現代米国における教員養成評価制度の研究』多賀出版、2012年、50頁。松尾知明『アメリカ多文化教育の再構築』明石書店、2007年、151-153頁。
3) Yuan, H., "Preparing Teachers for Diversity: A Literature Review and Implications from Community-Based Teacher Education", *Higher Education Studies*, Vol.8, No.1, 2018, pp.9-17.
4) Ukpokodu, O. N., "Preparing Socially Conscious Teachers: A Social Justice-Oriented Teacher Education", *Multicultural Education*, Vol.15, No.1, 2007, pp.8-15.
5) Zeichner, K., Melnick, S., "Community Field Experiences and Teacher Preparation for Diversity", McIntyre, J., Bryd, D. (eds.), *Preparing Tomor-*

row's Teachers, Corwin Press, California, 1996, p.42.
6)　Ibid., p.44, 47.
7)　佐藤学『教師というアポリア』世織書房、1997年。鞍馬裕美「米国の教師教育における Professional Development School の意義と課題」『日本教師教育学会年報』第11号、2002年、99-109頁。また、髙野貴大も PDS について、「『教師教育の高度化』の文脈で注目されたもので、それ故に、教育困難校に焦点づけた『社会正義』志向の教員政策への展開はみられなかった」と批判的に言及するが、米国においてこうした批判意識に基づき地域参入型教員養成が提案されている点については詳細に検討していない（髙野貴大「アメリカにおける『社会正義』を志向する新たな教員養成プログラム」『日本教育経営学会紀要』第60号、2018年、115頁）。
8)　Boyle-Baise, M., McIntyre, J., "What Kind of Experience?", Cochran-Smith, M. et al. (eds.), *Handbook of Research on Teacher Education, Third Edition*, Routledge, New York, 2008, pp.307-330.
9)　Payne, K., Zeichner, K., "Multiple Voices and Participants in Teacher education". Clandinin, J., Husu, J.(eds.), *The Sage Handbook of Research on Teacher Education*, SAGE Publications, California, 2017, pp.1101-1116.
10)　*Ibid.*, p.1108.
11)　上森さくら「K. ツァイヒナーにおける多文化教育と教員養成プログラム」『教育方法学研究』第36号、2011年、73-83頁。髙野貴大「現代の教職理論における『省察（reflection）』概念の批判的考察」『日本教師教育学会年報』第27号、2018年、98-108頁。など。
12)　Cochran-Smith et al., 2016, *op.cit.*, p.496.
13)　Zeichner et al., 1996, *op.cit.*, p.58.
14)　McIntyre, A., "Constructing an Image of a White Teacher", *Teachers College Record*, Vol.98, No.4, 1997, p.654.
15)　Sleeter, C., "Preparing Teachers for Culturally Diverse Schools", *Journal of Teacher Education*, Vol.52, No.2, 2001, pp.94-96. Cochran-Smith, M. et al., 2016, *op.cit.*, p.496. 中村雅子「多文化教育と『差異の政治』」『教育学研究』第64巻、第3号、1997年、286頁。
16)　Valencia, R. (ed.), *The Evolution of Deficit Thinking*, RoutledgeFalmer, Abingdon, 1997, p.2.
17)　Sharma, S., Lazar, A. M., "21st Century Diversity, Educational Equity, and Transformative Change", *Rethinking 21st Century Diversity in Teacher Preparation, K-12 Education, and School Policy*, Springer, New York, 2019, pp.5-6.
18)　Zeichner et al., 1996, *op.cit.*, pp.55-56.
19)　Sleeter, 2001, *op.cit.*, p.101.
20)　Sleeter, C., "Preparing White Teachers for Diverse Students", Co-

chran-Smith, M. et al. (eds.), *Handbook of Research on Teacher Education, Third Edition*, Routledge, New York, 2008, pp.560-561.
21) 中村雅子は、「白人の側に注目することは、人種主義を個人の偏見や行為とみなし、それをただすことによって『解決』しようとするアプローチとは区別されねばならない。求められているのは、他者性がそれによって規定される指標としてでなく、『白人性』を審問するということである」と述べるが、その具体的な実現方途については述べておらず、ともすれば個人帰責的に陥る懸念については、十分に検討されていない（中村、1997、前掲、286頁）。
22) Cochran-Smith et al., 2016, *op.cit.*, p.496.

第2章
大学における教員志望学生への支援の展開
——ニューヨーク市立大学クイーンズカレッジの実践に着目して——

　第1章で確認したように、現代米国教員養成では、白人教員志望学生の人種をめぐる認識を修正することが期待されるが、しばしば学生は反動的・反抗的な態度や諦念・断念に陥るという問題実態に直面していた。主導的論者はその克服のためにこそ、一層、地域実習での反省を強く期待していた。

　しかし最近の米国では、主導的論者の論調とは一線を画して、教員離れの懸念を克服すべく、学生に教員養成担当者側の期待の実現を強く求めるのではなく、教員養成担当者側が学生の率直な思いや要望を丁寧に聞き取り肯定的に捉える実践が模索されている。

　第2章では、その実践の一つとして、ニューヨーク州ニューヨーク市立大学クイーンズカレッジ (Queens College, the City University of New York：以下、クイーンズカレッジ) の事例を取り上げる。同大学は、各国共通の動向と言えるスタンダード導入への対応も視野に入れている。近年、各国において教員の資質能力や到達すべき目標などを指標や基準（スタンダード）として設定して、その遵守を求める動向がある。だが、教職の自由や創造性への抑圧という観点からの批判や抵抗も大きい。米国も例外ではなく、とくに近年は人種問題への誠実な向き合いもスタンダードに含む傾向があり、学生への期待は複雑な様相を呈しつつある。

　従来、スタンダードは政策・制度の画一化・統一化を招くものであり、教員養成の議論と実践では、それを批判することで、学生の自主性・主体性を守ろうとされてきた。大学教員は、スタンダードの導入に抵抗し、学生をスタンダー

ドから引き離すことが意識されがちであった。同時に、学生に対しても、スタンダードに提示される外的指標に依存せずに、自ら主体的に、教職に対する考えを発展させることを求める傾向にあった。

だが昨今、米国では、学生がスタンダードと適切に向き合うことを支援する試みが始まっている。本章では、米国教員養成におけるスタンダードの導入をめぐる議論と、その下での大学における実践を検討し、学生をどう支援しているかを明らかにする。その分析を通じて、社会や大学教員による期待が増し、増大する抑圧下にある学生に対して、いかにしてその責められ感を和らげて支援的・ケア的に向き合えるかを検討する。

第1節　検討対象事例の制度的位置

昨今、わが国でも、教員育成指標など教員養成制度の「スタンダード化」をめぐって様々に議論されている。もとより、教員の質や専門性の向上という意図自体は否定されるべきものではない。だが、教員養成の方向性が集権的に規格化・画一化され、学生の主体的な学びを阻害しかねないなど強い危惧も示されており[1]、こうした状況に大学がどう対応しうるのかが喫緊の検討課題とされている[2]。

米国では、わが国に先駆け、とくに1980年代以降、全米教職専門性基準委員会 (National Board for Professional Teaching Standards) などを中心として、専門性向上の観点からスタンダード化が積極的に図られている。近年はさらに新しい動向として、それら諸基準を用いて、学生の教育実習とそれへの省察 (self reflection) に対してパフォーマンス評価を行う edTPA (educative Teaching Performance Assessment) と呼ばれる教員養成課程の修了判定制度が導入された。これは、択一問題を中心とする従来の取り組みとは異なり、教室内での具体的な児童生徒とのやり取りに焦点を当てることによって、教育現場の複雑な文脈に即した学びを学生に提供するきっかけになるとの期待もある[3]。後述する通り、ここでの文脈とは、単に教室内の文脈にとどまらず、非白人児

童生徒の歴史的・社会的・文化的文脈をも含み、本研究が焦点を当てる動向に位置づくものである。

　上記のような肯定面の一方で、edTPA は制度の運用面・評価の内容面から、大学における自律的な養成実践を束縛・阻害するとの懸念も示されている[4]。制度の運用面では、edTPA の合格を教員免許の取得要件として課す州も増え、学生の edTPA に合格するニーズへの対応が求められる。評価の内容面では、たとえば、児童生徒の教育目標に関する全米規模の共通指標、コモンコアスタンダード（Common Core State Standards：CCSS）と重なる視点・項目を提示し、時間と手間のかかる筆記課題を課すなど、学生の学びを大きく左右するものとなっている。これらから、edTPA の導入は、大学における教員養成実践の意義を矮小化すると危惧されている。

　以上のような期待と懸念が残るにもかかわらず、edTPA 導入下で大学における教員養成実践がいかなる対応をし、学生の学びにどのような変化が生じているのか、具体的に検討されてきてはいない。大学教員が全く別の代替案を開発・運用する様子を解明し、edTPA の評価システムとしての問題点の指摘を試みる研究や[5]、edTPA を通過した学生への聞き取り調査は見られるが[6]、個別大学による直接的な対応実践や工夫の例には焦点が当たってきていない。

　こうした研究上の空白を埋めることは、わが国でもスタンダード化が進む実態に対しても、重要な示唆を与えうる。米国の大学では、edTPA への批判意識を含みながらも、目の前の学生は edTPA で合格点数を取りたいという要望を持つ実態との板挟みのなかで、発展的かつ誠実に制度適応を目指す教員養成実践が展開されている。そこでは、後に詳述する edTPA の理念を生かし、学生が非白人児童生徒について理解を深められるように支援している。その実践の具体的な内容や、学生の学びをいかに支援しているかを検討すれば、スタンダード化が進む下で、学生を抑圧せず支援する教員養成実践の在り方についても何らかの示唆を得られるように思われる。

　以上の問題意識に基づくとき注目に値するのが、クイーンズカレッジにおける実践例である。そこでは、edTPA に対して前記のような懸念を強く持ちな

がら、しかし単に全否定するにとどまらず、むしろその枠組をいかに教員志望学生の資質向上につなげうるのかを検討し、それに即して自らの実践を意識的に変容させている。同大学教員による共同研究において、学生の反応も含めて自らの実践を振り返り、研究成果として公刊もしている[7]。

　本章では、その成果物に加え、クイーンズカレッジの大学教員への本研究独自インタビュー[8]、彼らから提供を受けたシラバス・指導案や受講生に課したワークシート、同大学の教員養成課程修了生がedTPAのために作成・提出したレポートの実例を用いる。これらを分析し、上記実践の意義を考察する。

　検討の流れとしては、第一に、edTPAの基本骨格にみる理念と懸念を整理する。第二に、クイーンズカレッジの中等教員養成プログラムを対象として、edTPAの懸念点をいかに克服し、その理念を生かそうとしているかに焦点を当てながら分析を行う。第三に、後に詳しく見るように、学生が自らの取り組みを深く省察したうえで論述・作成するedTPAへの提出課題の内容例をもとに、学生が非白人児童生徒のニーズをどう把握し、それを授業づくりにどう生かしたと考えているかを分析することで、同大学での実践の効果を検討する。以上を通じて、スタンダードが導入されるなかで、大学はどのように学生理解を発展させ効果的に支援できるのか、示唆を得ることを目的とする。

第2節　edTPAの基本骨格にみる理念と懸念

(1) edTPAの想定する学生の理想的な学び

　本節では、全体の検討を開始する前提として、edTPAの開発・導入背景、作成主体・理念などの概要を確認しておく。

　先述の通り、edTPAにはスタンダード化の側面があることは否めない。だが、導入経緯をみると、教員現場の実情を無視してトップダウンで作られたものとは言い難い。当事者・作成者の主観的意図では、あくまでもボトムアップで作業が進められたという[9]。スタンフォード大学やアメリカ教師教育大学協会(American Association of Colleges for Teacher Education：AACTE)を中心とし

たコンソーシアム組織、アセスメント・学習・公平性のためのスタンフォードセンター（Stanford Center for Assessment, Learning, Equity：SCALE）によって作られており、新自由主義を背景とする教員評価の厳格化に批判的立場を取る米国の著名な教育学者ダーリング－ハモンド（Darling-Hammond, L.）も携わっている。

　edTPA が開発された背景にも、米国で深刻な問題であり続けている児童生徒の学力格差がある。ここでもまた単に学力向上を目指すのではなく、米国固有の人種的・文化的問題が深く関わる点が注目される。改めて確認するとすれば、教員には白人が多いが、都市部の学校には多様な人種の児童生徒が通い、英語を母語としない者も少なくない。このようななか、教員が、自身とは生活経験や歴史的・社会的・文化的文脈を異にする児童生徒の学習ニーズを的確に把握し対応することは難しい。

　こうした問題の解決こそ、edTPA は自らの最重要理念としている。edTPAではそれを「社会正義（social justice）」と呼ぶ。ここでいう「社会正義」は、ある一定の均衡状況を指すというよりは、絶えず人々や社会全体が正しさを目指す動態に焦点化していると言える。教員の使命にひきつけると、次のように述べることができる。学力テストの点数を児童生徒の個人的努力＝責任に帰着させず、彼らの置かれた歴史的・社会的・文化的文脈へと視野を広げながら、児童生徒の発達上のニーズを絶えず捉え直して、児童生徒の努力にだけ依拠しない新たな支援・指導の手法を探っていく。そのような動態を教員養成や学校教育に生み出すことを目指す理念と言える。

　上記の理念を実現するために、edTPA では単なる知識の多寡を問うような評価は行わない。評価の中心軸となるのは、学生が自身の教育実習に対して行う自己省察（self reflection）である。学生は edTPA が発行するハンドブック（全50頁）に従って提出物を用意する。その全体像を見ると、まず教育実習（ニューヨーク州では40日間（2017年当時））で行った授業の内、3〜5コマの連続した授業群（Learning Segment）を学生自身が選ぶ。その授業群を評価の対象とできるように、授業模様を写したビデオ、実践に用いた指導案や教材、生徒の課題サ

表2-1　歴史／社会科教育における15のルーブリックの観点

	計画	授業	測定
観点	1：歴史／社会科教育の内容理解に向けた計画 2：生徒の多様な学習ニーズを支援する計画 3：生徒に関する知識の活用 4：言語的ニーズの認識・支援 5：生徒の学習を観察・支援するための評価計画	6：学習環境 7：学習への生徒の参加 8：生徒の学習の深化 9：教科特化型の教授方法 10：教授効果の分析	11：生徒の学習の分析 12：学習に向けたフィードバックの提供 13：生徒によるフィードバックの理解と活用 14：生徒の言語活用と歴史／社会科の学習の分析 15：次の授業への評価の活用

出所：edTPA Secondary History/Social Studies Assessment Handbook, September2016を基に筆者作成。なお、佐藤（2017）による「基本的な骨格」の和訳を参考にした。

ンプル（学生による課題に対する評価を含む）などを準備する。加えて「学校・生徒の置かれる文脈を理解するための基本情報シート」と、自らの実践に対する"自己評釈"（Commentary）の二点も作成する。基本情報シートでは、学校の所在地域（都市部か地方部か）、生徒の学習ニーズなどを記入する。これらをまとめてポートフォリオとして提出する。

　上記のうち"自己評釈"は、学生の省察が最も集約して描かれるものであり、最重視される。これは単に実践後の感想を自由に述べさせるような、ある意味、形式的なものではない。学生自身が評価のためのルーブリックの内容を強く意識し、留意点を丁寧に追いながら作成するものである。

　ルーブリックの観点には、当然のことながら先述の理念が強く反映されることになる（表2-1）。内容についての詳細な分析は次項で行うが、取り急ぎその観点の概要を見ておくと、たとえば、「計画」についてのルーブリック2、3の観点は、生徒の既有知識や何に困っているのかを、授業前に予め把握するよう求めている。また、ルーブリック4、14の観点では、「言語」に焦点を当てて、生徒のニーズや発達を評価しようとしている。非白人児童生徒のなかには、英語が母語でない者もいるため、彼らの「言語」面でのニーズを捉え、それを支援することは、教科指導の前提として重要になる。これらから、単なる各教科の知識や技能など教科固有の価値の実現というよりは、とくに非白人児童生徒を意識して、彼らの学習ニーズの把握とその充足にこそ力点が置かれているも

のと読むことができる。

(2) edTPAにおける理念の矮小化の懸念

こうした理念の一方で、冒頭に少し触れた通り、edTPAに対しては懸念も投げかけられている。次に、こうした懸念の内容について検討しておく。

上記(1)で検討したedTPAの理念に最も深く関係すると思われるのは、ルーブリックの観点2「生徒の多様な学習ニーズを支援する計画」、同3「生徒に関する知識の活用」である。それぞれの観点において、学生が省察するための問いが掲げられるが、ルーブリック2、3の観点に関する問いは表2-2の通りである。これらの指標の具体的内容を見れば、edTPAへの前述の懸念は、さらに以下の二つに分節化して捉え直されるべきものになる。

第一の懸念は、学生の学びの内容が既存のスタンダードによって大きく規定されてしまう点である。たとえば、ルーブリック2の「解釈や分析」といった文言は、コモンコアスタンダードにも共通するものである。生徒の多様な学習ニーズの支援が、実際にはコモンコアスタンダードの達成だけを目指すものになってしまえば、生徒の歴史的・社会的・文化的文脈に向き合い、「社会正義」について考え始めることが学生に保障されず、本来の理念を矮小化するとの批判がある[10]。

同じ問題は、「言語」に焦点を当てるルーブリック14にも見られる。ここでは、言語は英語を指し、英語使用能力の熟達性だけが、生徒の学力評価の指標とされている（表2-3）。先にも述べたような、英語が母語でない場合など、不利な

表2-2　学生による生徒理解の質を問うルーブリック

	観点	ルーブリックの問い
計画	2	学生は、生徒が事実や概念を理解し、歴史的事柄や社会科教育に関わる現象について議論を打ち立て結論を導くための発問創出・解釈・分析スキルを身につけることを支援することを目的として、生徒に関する知識をいかに使うのか
	3	学生は、自身の教育計画を正当化する（justify）ために、生徒に関する知識をいかに用いているのか

出所：edTPA Secondary History/Social Studies Assessment Handbook, September2016を基に筆者作成。

立場を十分に考慮したものとはいえず、彼らの教科学習を妨げるおそれもある。

　第二の懸念は、edTPA における評価方法に関係する。同制度では、児童生徒の文化的・社会的背景が理解できているか、学生に自己省察を促し、それを表明させたうえで評価に活用するという方法を採る。これは、学生の視野をマイノリティの児童生徒に向けさせ、自己への反省機会と弁明権を同時に保障す

表2-3　ルーブリック14：生徒の言語活用と歴史／社会科の学習の分析

\multicolumn{5}{	}{学生は、生徒の学習理解を発展させるために生徒が用いる言語をいかに分析するのか？}
レベル1	レベル2	レベル3	レベル4	レベル5
学生は、言語上の要請（機能、語彙／記号、追加要求）に表面的にのみ関連した・していない生徒の言葉の使用を認識しているもしくは学生の言葉の使用に関する描写や説明は提出された証拠と一貫していない	学生は、生徒が言語上の要請（機能、語彙／記号、言説、構文法）のうち一つを使用していることを描写している	学生は、生徒が・言葉の機能と・一つ以上の言語上の要請（語彙／記号、言説、構文法）を使用している証拠を提供している	学生は、生徒が学習理解を発展させるように・<u>言葉の機能と</u>・<u>語彙／記号と</u>・<u>一つ以上の言語上の要請（言説、構文法）</u>を使用している証拠を提供している	レベル4 plus 学生は、多様なニーズを有する生徒が学習内容を理解し、言葉を適切に使用している証拠を提供し説明している

出所：edTPA Secondary History/Social Studies Assessment Handbook, September2016を基に筆者作成（下線は筆者）。

表2-4　ルーブリック3：生徒に関する知識の活用

\multicolumn{5}{	}{学生は、自身の教育計画を正当化するために、生徒に関する知識をいかに用いるのか。}
レベル1	レベル2	レベル3	レベル4	レベル5
学生は、生徒に与えた学習課題を正当化する際に、生徒や彼らの背景について間違っているか不足した捉え方を示す	学生は、生徒に与えた学習課題を正当化する際に・生徒が先に有している学術的知識や・個人的・文化的・地域的特徴にほとんど注意が払われていない	学生は、生徒に与えた学習課題を<u>正当化する際に</u>・生徒が先に有している学術的知識もしくは・個人的・文化的・地域的特徴の<u>適切な例を用いている</u>。学生は研究や理論とは表面的な接続を有す	学生は、生徒に与えた学習課題を正当化する際に・生徒が先に有している学術的知識とともに・個人的・文化的・地域的特徴の適切な例を用いている。<u>学生は研究や理論とつなげて考えている</u>	レベル4 plus 学生の正当化は、研究や理論によって導かれた原則に支えられている

出所：edTPA Secondary History/Social Studies Assessment Handbook, September2016を基に筆者作成（下線は筆者）。

ることにもつながる。

　だが、たとえばルーブリック3を見ると（表2-4）、生徒理解が重要な意味を持つのは、学生自身が自らの実践（ここでは生徒への学習課題の付与）を「正当化」するときである。つまり、学生が評価指標や評価方法の意義を適切に理解しなければ、生徒の「個人的・文化的・地域的特徴」は、単に自らの評価を高めて合格を得る手段としてのみ位置づけられかねない。反省機会や弁明権は、教員としての使命とは無関係な"保身"にのみ使われかねない。とはいえ、こうした評価指標に触れるだけでも、児童生徒の不利な実情を多少は意識できるかもしれない。だがそれは、彼らをめぐる現代的な不公正の問題を深く捉えるというedTPA本来の理念に合致したものとは言えない。[11]

　もちろん、どこまでいっても「学生が自らの教育計画の正当性を根拠づけるために」提示され、教育実践上の判断を「うまく見せる」ために、生徒の持つ歴史的・社会的・文化的文脈が表出されるにすぎないとも言える。[12] しかし、だからこそ、そのおそれを少しでも低くする多層的な手立てがどれだけ準備できるのか、各大学の実践に問われることになる。

第3節　大学における支援的な省察実践の展開

(1) クイーンズカレッジのedTPAに対する姿勢の特質と意義

　次に、大学における教員養成実践が、以上の懸念に対して、どのように克服を試みているのかを検討する。edTPAに対して批判意識を持つ大学での実践は、そのスタンスの違いに応じて以下の三つに分類できるという。[13] 一つ目は、批判の態度を貫く実践、二つ目は、とくに学力の低い大学においてedTPAへの合格対策に追われる実践である。そして三つ目は、合格対応策も講じつつ、しかしedTPAの枠組みに矮小化されずに、自分たちなりの理想的な教員養成を試みる「建設的批判」の立場の実践である。

　おそらくは、いずれの大学でも少なからずこうしたジレンマと向き合っていることが予想される。だが、その取り組みを自ら、ないし他者が研究した例は

少ない。これは単純に、edTPA が導入されてから間もないため、実践が蓄積されていないということがある。しかし、edTPA が導入されるなかで、教員養成実践が学問を基盤として展開されることの意義に立ち戻り、自分たちの実践を吟味・再構築する研究が少ないことが自己反省的に語られてもいる[14]。

本章で取り上げるクイーンズカレッジは、edTPA が導入されたなかで、自らの教員養成実践に関する共同研究を行い、検討を深めている数少ない例の一つであり注目に値する。edTPA に対しては「建設的批判」の立場を取ると位置づけることができる。本節では、先に述べたように、同大学のシラバスや学生の"自己評釈"をもとに分析・考察する。後者については、歴史／社会科教員養成を専門とするガーウィン氏 (Gerwin, D.) がとくに自分たちの実践の成果を如実に表すサンプル例として 3 名のものを提供してくれた[15]。個人情報の制約から限られたサンプル数とはなっているが、各々のポートフォリオとしては 140 頁、"自己評釈"はそれぞれ 25 頁に及び、質・量ともに充実したものとなっている。そのうち 2 名は 2014 年度、共同研究が行われる前のものである。1 名は 2016 年度のものである。彼らにしてみれば、前者は反省すべき材料として扱われており、2016 年のものは、自分たちの成果を実感するためのものとなっている。

(2)「建設的批判」実践の内容と特質：省察の問いと形態の工夫に注目して

本章で取り扱うのは歴史／社会科の教員免許に関わる養成プログラムである。そのプログラムにおいて最も先に受講することが求められる「教育の歴史的・哲学的・社会的基礎 (Historical, Philosophical, and Social Foundation of Education)」に注目したい。これは、わが国でいうところの「教職に関する科目」に該当する必修科目である。表 2-5 に見るように、教育をめぐる問題を網羅的に押さえているため、学生の学びへの基礎的態度を規定するものと考えられる。

担当教員のグレイ氏 (Grey, L.) は、edTPA への基本的姿勢として、「固定化した教員像を押し付けるものであり」(インタビューより)、「人間性よりもスキルの獲得を重視する[16]」と批判している。彼女はこうした批判的スタンスを持ちながらも、「建設的批判」の立場に則る共同研究の趣旨に大いに賛同しており、

edTPAにいかに向き合うかということについて試行錯誤を繰り返している。シラバスは2016年度と2017年度のもので、上記共同研究のあとに改訂されており、その成果が反映されている。なお、「教育の歴史的・哲学的・社会的基礎」では、教育実習に先立つ25時間の観察実習を行うことを義務づけている。観察実習が科目として独立されるのではなく、教職科目とセット化されていることは、理論と実践の往還を少しでも強固にするという意図を持つものとして注

表2-5 「教育の歴史的・哲学的・社会的基礎」の授業テーマ

タイトル	問い	内容(一部抜粋)
1. 米国教育の歴史的基礎	学校はいかに機能してきたか、それはなぜか	啓蒙運動以前の影響〜植民地時代〜公立学校制度の確立に向けた運動〜師範学校(normal school)〜女性とマイノリティの教育〜米国の高校や大学の発展〜学校の人種差別と差別廃止
2. 米国教育の哲学的基礎	学校はなぜ現在の機能を持っているか なぜ学校はそれを担うべきか	<u>一般的な哲学</u>:理想主義、現実主義、プラグマティズム、実存主義、ポストモダニズム/<u>一般的な学校教育の特徴</u>:保守的、権威的、民主的、反抑圧的カリキュラム・教授/<u>その他の教育実践・政策を導く特定の理論</u>:本質主義、永続主義(perennialism)、進歩主義
3. 教授・教育の倫理的・法的側面	生徒の権利とは/教師と学校の責任とは	米国の教育法:判例
4. 公教育の構造・経営	誰が学校を支配しているか	州の責任〜地方の責任〜教育における連邦の役割〜公教育財政〜私立学校VS公立学校〜公教育での民間セクターの役割
5. 教育政策と改革運動	なぜ教育はいつも「危機」にあるようなのか	歴史的・現代的教育改革と政策〜マスメディアにおける「ホットトピック」、スタンダード化(CCSSなどのカリキュラム・州スタンダード)、学校選択、教員評価、学校の民営化、新自由主義改革
6. 学校と社会	学校はいかに社会に影響するか/しないか	地域と学校—家庭の関係性
7. 教育の社会的基礎	学校は全ての生徒に平等な学習機会を提供するのか	<u>多様性と学校教育</u>〜平等、社会化の主体(agents)と手段〜移民〜教育におけるジェンダーの役割 <u>社会階層、人種、学業成績</u>:学校は機会を平等化するのか?〜マイノリティ化された者や歴史的に周縁化されてきた者への教育

出所:SEYS 201W: Historical, Philosophical, and Social Foundation of Education 2017のシラバスを基に筆者作成(下線は原文ママ)。

目に値する。

　こうした立場から、グレイ氏の授業においては、学生が省察する機会が随所に設けられている。一つ目は、観察実習に対する省察である。これは、前述のedTPAにおける課題と類似する。二つ目が問題解決型研究における省察、三つ目が最終課題としての自己省察課題である（表2-6、Ⅱ～Ⅴ）。これら種類の異なる省察課題が学生に与える作用に着目すれば、本実践にはedTPAへの懸念を乗り越えうるような次の三点の特色を見出すことができる。

① **共同省察の意義**

　本講義の特色の一つとして、問題解決型研究プロジェクトという学生による共同研究の機会が挙げられる。とくに、多様な人種の学生を擁する同大学では、異文化の学生同士が討議することで、社会問題について様々な角度から学ぶ空

表2-6　「教育の歴史的・哲学的・社会的基礎」成績評価（コースの課題）

課題	配点
Ⅰ．(授業中) 一週間の活動	
A. 討論・活動への参加とリーダーシップ　B. 授業中の集中、討議・記述の「両方の」活動	35
Ⅱ．観察実習・プロジェクト	
1. 観察実習：時数　2. 観察実習ジャーナル　3. 観察実習：省察報告	30
Ⅲ．問題解決型研究プロジェクト（Problem-Based Research Project）	
概要　グループで、学生は、ある現代的な（common）教育課題に取り組む。その課題について、読み観察し聞く。「解決策」を模索するために文書を共有する。	105
Ⅳ．教授哲学に関する宣言（Philosophy of Teaching Statement：POTS）―2バージョン―	
概要　学生は、助言（prompts）やフォーマットに従い、教育の宣言を作成する。POTS1：500～600字　POTS2（POTS1の修正、フィードバックの反映）：600～750字	20
Ⅴ．ファイナル・要約課題：個人的な学習省察レポート	
◇個人的な学習省察レポート：最終課題　グループワークでの自分の役割に言及しつつ、この授業を通して学んだことをその証拠も含めて、「すべてを通した」省察について描け。文章読解・活動・実習、すべてをつないで省察せよ。**このレポートは、一人称を用いて記述してよい。**	10
総計	200

出所：SEYS 201W: Historical, Philosophical, and Social Foundation of Education 2017のシラバスを基に筆者作成（太字下線は筆者）。

間ができたと言える。[17]理論的な学びだけではなく、友人関係のなかで、様々な立場や文化・思考形態を教え・学び合うことで、実感を伴って、社会構造の実態やその問題点について知る一助となると考えられる。このことを通じて、所与の価値観を問い直さず、「社会正義」について考えることができないというedTPAへの懸念を最小化し、学生が、他人事ではなくまさに自らが関わる問題として、教育を取り巻く社会問題を省察することになっていると言える。

② 「一人称」から始まる主観的省察の意義

グレイ氏は、edTPAの欠陥として、「『社会正義』に主体的に接近できないこと」も挙げている（インタビューより）。論理的・説得的に文書を書くうえでは、「一人称で書くこと」は良しとされない。確かに、そうした客観的論証も重要である。しかし、本講義ではあえて一人称を用いて、自分の主張や経験を大事にしながら、非白人児童生徒の発達に資する教員の在り方について考えを深められるよう、学生を支援する点に最大の特徴がある。下記の「教授哲学に関する宣言」（表2-7）で確認していくと、まずedTPAにも共通する理念「社会正義」について、9では抽象的な概念理解として、11では具体的な児童生徒のニーズ理解として、問いを立てている。それにとどまらず、1・10・12で個々人の信念に関して、6・7では教育技術に関して、それぞれ問いを準備して、いずれも一人称で考えさせている。

これは、学生自身の尊厳を守ると同時に、学生が小手先のスキルで生徒と向き合うことを許さず、自分の人格をかけて向き合わせようとしているとも言える。そのうえで、edTPAへの提出物を意識したうえで、この課題を行わせており（表2-7 POTS：Ⅱ）、edTPAを全面的に批判するのではなく、適切な向き合い方を考えるきっかけを作っていると言える。ここに、社会的予期と自らの主張とをつなぎ合わせる場面の創出を見出すことができる。[18]

③ 省察における理論的な学びの位置づけ

本講義では、座学の理論的な学びは決して軽視されていない。一般に、省察

表2-7 「教育の歴史的・哲学的・社会的基礎」課題
「教授哲学に関する宣言」(Ⅳ. Philosophy of Teaching Statement：POTS)

POTSは、自分の考え、価値観、観点、教育アプローチを発達させるなかで変わりゆくものである。これは学級目標の修正、感情経験の豊饒化、気づきの鋭敏化に貢献する。
これは、生徒との教育・学習・作業について、教育者としての主張 (beliefs) を説明するものである。書く形式は様々だが、**たいていは一人称を用いた率直なナラティブエッセイの形を取る。** 以下のⅠとⅡに取り組みなさい。
Ⅰ．教育に関する個人的省察の言説 　1．教師、メンタ、理論家、研究者、著者のなかで、自分の人生や仕事に影響した人を描け。 　2．どうして・いかに、教育専門職に就こうと決意したのか。 　3．どのように教育を定義づけるか。 　4．なぜ教えることは価値ある職業か。 　5．教師と生徒の役割はなんだと思うか。 　6．どのような環境下で学習は最善な形で起こるか。それはどのように最もよく評価されるか。 　7．教育のどのような形式をつかうか、それはなぜ効果的だと思うか。 　8．あなたの生徒が個人として学び発達するためにどのような手助けをするのか。 　9．社会正義や公平性は教育においてなぜ重要な概念なのか。 　10．どのように生徒に覚えられたいか。 　11．生徒はどのような困難に直面しているのか。いかにその困難の克服を支援してきたか。 　12．自分の性格や教育アプローチが、生徒の学習や発達にいかに影響しているのか。 　　　自分は専門職に何を提供すると思うか。
Ⅱ．**edTPAの"自己評釈"と関連させて、自分の教育上の決定を理論的に説明しなさい。** また、生徒らの背景や文化に関する特定の知識と理論上の発見・教授計画との間に、明示的な、かつ、よく洗練された接続関係を描きなさい。セメスターの最後に提出しなさい。

出所：SEYS 201W：Historical, Philosophical, and Social Foundation of Education 2017のシラバスを基に筆者作成（太字下線は筆者）。

を主に置いた場合、あくまでも理論は、実践の解釈・改善に資する形で用いられることが多いが、それとは対照的とも言える。

　表2-5の授業テーマに立ち戻れば、一つ目・二つ目のテーマにて、歴史的・哲学的なアプローチから、人種問題など社会不公正の問題に焦点化したうえで、最終回では改めて、教育を支える社会構造について考察できるように組み立てられている。この講義全体を通して、人種問題に主眼をおき、理論的な考察を深めることが目指されていることが分かる。

さらに、本章の問題関心から注目に値するのは、5つ目・6つ目のテーマである。5つ目は「教育政策と改革運動」となっており、スタンダード化を題材として扱っている。ここでは、学生自身が、スタンダード化を相対化して検討する機会が準備されていると言える。ここに、大学教員＝研究者がスタンダードを批判して、学生からそれを遠ざけるのではなく、しかし、学生がそれに無批判になることを傍観するのでもなく、学生自身がそれを批判的に吟味できるよう、支援の在り方を工夫していると言える。

　また、6つ目は、「学校と社会」というテーマとして「保護者の学校参加」が扱われている。この設計からすると、非白人児童生徒の発達を十全に保障するためには、教員として、自身がある一定の能力を生徒に平等に獲得させるだけではなく、保護者や地域住民との関係を絶えず問い直しながら、教育活動の在り方を模索する態度が必要だと提起していると言える。

　このような過程を通すことによって、edTPA の規定通りに自己評釈するのではなく、学生は自分なりに edTPA の限界と意味を捉え直し、単なる合否を気にするのではない新たな自分との関係性を模索し始める余地が与えられる。ここに、先の一人称の省察の意義も再確認できる。

　以上①〜③の省察からすれば、edTPA と同様の理念を有しながらも、学生が edTPA によって自らの主張を抑圧せず尊重できるよう工夫していると言える。そのことにより、edTPA を単純に批判するのではなく、社会からの期待と自分の主張とを調整するツールとして用いる環境を整えたと捉えることができる。

第4節　学生の"自己評釈"にみる「建設的批判」実践の効果

　次に、同大学における実践の「建設的批判」実践の効果を検証すべく、edTPA への提出物について、2014 年の二名分の回答と 2016 年の一名の回答を比較検討する。ガーウィン氏からは、提供に際して詳細にその理由は語られなかった。しかし、自らの実践の成否を示す重要な課題として提供されたもの

であるため、彼の真意を模索しながら各"自己評釈"の特徴を解明していきたい。

2014年度のものは冷戦を扱ったA氏、人権保障規定（Bill of Rights）を扱ったB氏のものが含まれる。A氏の"自己評釈"は、ガーウィン氏によれば、非白人生徒の置かれる歴史的・社会的・文化的文脈を十分に理解し踏まえているとは言えないが、75点満点で51点と高得点であった。B氏のものは、十分に理解し踏まえていると読み取れるが、CCSSとの関係が少なかったためか、75点中39点であった。ニューヨーク州では、歴史・社会科の教員志望学生の

表2-8　ルーブリック2に該当する記述項目と三名の回答・スコア

観点	記述項目（問い）		
2	教授に必要な、生徒に関する知識 ：以下a,bに即して、授業の主なトピックに関連して、生徒に関して分かっていることを描け		
2-a	授業の主なトピックに関連して、すでに獲得している知識、習得済みのスキル ―生徒の既有知識、生徒たちができること、現在習得中のものに関する証拠を示せ		
2-b	授業の主なトピックに関連する、個人的・文化的・地域的長所（assets） ―生徒の日々の経験、文化的・言語的背景・実践・関心について何を知っているか		
問い	回答者	回答（抜粋）	edTPA スコア
2-a	A氏	地図を読むスキルはすでに持っていたため、次の課題として、文章読解スキルの獲得に焦点を当てた。	3.5
2-b	A氏	第二次世界大戦は学習が終わっていたため、朝鮮戦争・ベトナム戦争にいかに興味をもたせ、**いかに中東戦争の意味を理解させるかに焦点化した。**	
2-a	B氏	憲法ではなく米憲法修正第一条（the First Amendment）における人権保障規定（Bill of Rights）という形式がなぜ選ばれたのかを生徒が答えるのは難しい。だが、生徒は、米憲法修正第一条を定義づけすることはできる。最後に、**自らの主張を文章化することを目標に据え、自分で資料を扱うことを試みさせる。**	3.0
2-b	B氏	当初、人権保障規定と自らの権利と関連させて捉えていなかった。しかし、学びを進めるなかで、**日常生活における警察の対応と重ね合わせて考え始める生徒もいた。**	
2-a	C氏	生徒に対する発問：**なぜ民主主義は良いとされてきたか。それは本当に民主的か。**たとえば誰かを選出することと思っていないか。	4.0
2-b	C氏	生徒たちに学力のばらつきがある。自分の意見を主張できるものは半分くらいである。従来多かった、**形式的な教授方法ではなく、資料を自分で読み解き、主張を作れるようにする。**	

出所：3名のedTPA Commentaryを基に筆者作成（太字は筆者）。

edTPA の合格点は 38 点とされているため、辛うじての合格だったと言える。この矛盾的な状況は彼らをして、edTPA への対応実践の開発に着手させたものと思われる。2016 年には、その「建設的批判」実践のもとで、古代ギリシャを扱ったＣ氏が、非白人生徒の置かれる歴史的・社会的・文化的文脈を十分に踏まえつつ、49 点獲得し、合格に至っている。

各"自己評釈"の検討に際しては、とくに第 2 節で述べた「社会正義」への志向性が重要となる。この点についてはルーブリック 2 と 3 に関わる部分を見ると、それぞれの特徴が浮かび上がってくる（表 2-8、表 2-9）。

回答状況から見て、三者のなかで最も「社会正義」から離れてしまったと言

表2-9　ルーブリック3に該当する記述項目と三名の回答・スコア

観点	記述項目（問い）
3	生徒の歴史 / 社会科の学びへの支援：自分の主張を支える研究・理論に言及せよ
3-a	生徒たちの既有知識や個人的・文化的・地域的特徴への理解（2で描出）が自身の教育上の判断や学習課題・資料の選択にどう反映されているのかを論証せよ
3-c	授業の主なトピックについての重要な誤解や、それにどう対応しているのかを描け

問い	回答者	回答（抜粋）	edTPA スコア
3-a	A氏	ビデオや音声付きの資料、ワークシートを用いる。生徒同士が教え合い・相互に関わり合う作業をさせる。	3.5
3-c 誤解	A氏	冷戦に関する学問的定義が身についていない。→**教員がそれを提供し、生徒に米国とソ連の対立を正しく理解させようとする。**	
3-a	B氏	教室の生徒たちの多くはマイノリティであるが、自分たちがそうであることに気づいていない。自分たちの状況は決して当たり前ではなく、マイノリティとして劣位化されていることへの気づきを促し、それを、教科内容を通じて問い直すことが必要になる。	3.0
3-c 誤解	B氏	米国は民主主義を完全に実現できていると思っていること。→人種やマイノリティという概念に関して、**教科内容を通じて捉え直し民主主義の在り方についても考え直すことを促す。**	
3-a	C氏	**擬似体験の創出**：生徒たちに、外国人・女性・奴隷・市民のカードを配り、市民のカードを持つ人のみ発言できるゲームを行う。	3.0
3-c 誤解	C氏	民主主義が公正や自由をもたらすという仮定。教員がどう言おうと民主主義は良いものであるという仮定。→**教員の側の講義を少なくし、問いと発見に基づく意見の表明やビデオ資料で時間を使うように、工夫した。**	

出所：3名の edTPA Commentary を基に筆者作成（太字下線は筆者）。

えるのが、A氏であろう。A氏は**表2-8**・**表2-9**から見る限り、従来の注入型の教育となっている。だが、CCSSやそれに依拠するedTPAの視点を形式的には満たしている。つまり、注入の手法や教科教育上の問いなど求められている要素をうまく表現したため、点数が高くなった。

A氏のような形式的な授業に対して、B氏とC氏は生徒を主体にしている点、生徒自身が民主主義をはじめ、現代社会の在り方を鋭く問い直すようにしている点、生徒相互および教員との対話を重視している点などで注目に値する。

ところが、B氏とC氏でも大きく差が出てしまった。B氏は教える立場からの理念は掲げるものの、それを具体的な学習者支援の方法として提示することに成功しているとは言えない。では、C氏がB氏とは違い、「社会正義」への接近とedTPAでの点数の獲得を両立できたのはなぜか。C氏は、授業理念としては、民主主義を生徒たち自身に問い直させるという大きな課題に取り組むものの、その指導手法については、生徒たちの能力に合わせて細かく設定している（**表2-9**）。そのため、高い点数が出たと考えられる。C氏は、edTPAの求める方向性を正面から受け止めつつも、自己利益のためではなく、「社会正義」や自らの教育上の理念に統合するよう意味づけを変更した。自分の主張と他者からの要請とを乖離したままにせず、両者をすり合わせる過程を通じて、edTPAという教員養成制度に対して"主体的に"向き合う姿が養成されていたと言える。これは同大学の実践に、社会的予期と自分の主張とを重ね合わせる契機があったからできたものと言える。

このように見れば、edTPAは、確かに外部の基準への即応を求めるものであるが、こうした契機が与えられるなど特定の条件・過程下では有効性を発揮する。すなわち、学生に一人称で自分の主張を語らせることから始めつつも、彼ら自身の考え方を尊大なものとせず、周りの人間・過去の人間が紡いできた事実との関係のなかに位置づけさせることが可能になるという有効性である。教員養成実践において、学生自身がedTPAの省察課題の意味を吟味する過程があったからこそ、本事例においては、限定的ながらも学生によるスタンダードの主体的な活用の可能性を示すことができたと言える。

第5節　小　括

　本章では、養成段階でスタンダードが導入された下で、大学がどのように学生のニーズを理解し、学生への支援を展開したかを検討した。

　この事例の特徴は、大学がスタンダードに批判的態度をとるからといって、それを講義など教育実践内で扱うことを避けるのではなく、むしろ、学生のスタンダードへの率直な合格欲求を受け止め、それを出発点に据えながらも、ただ学生がスタンダードに迎合するのではなく、「社会正義」という理念を自分なりに考えることができるように支援していた点にある。その際には、スタンダードが学生の主張を抑圧しうる危険性を視野に入れ、そのリスクを軽減したうえで、「社会正義」について学びを深められるよう、省察が工夫されていた。

　改めて述べれば、省察の形態としては、彼らの主張を出発点とすること、友人関係のなかで学びを発展させることで、彼らの主張を抑圧せず尊重していた。省察の内容としては、edTPAに準じるのみならず、スタンダード化自体をどう考えるかも含み、現在の政策動向や「社会正義」のあり方について、多角的に考えられるようにした。そこでは、あえてスタンダードを学びの対象とすることで、学生は社会による教育への期待の最新動向を理解できたと言える。「社会正義」のあり方については、教科教育とのつなぎを考える局面を独自に作ることで、漠然とした理念的な学びに終わらせず、具体的な教育活動への活かし方をも考えられていた。こうした工夫により、学生を過度に抑圧するのではなく、あるいは、主体的に学ぶことを強く期待するのとも異なる支援の可能性が見出されたと言える。

　以上の知見を本研究の観点に照らして、学生の"否定的感情"に即して整理する。先行研究で言われてきた通り、スタンダードの導入によって、学生が被抑圧感を抱くことは懸念される。だが、クイーンズカレッジの実践では、学生の被抑圧感は、自らの主体的な学びが阻害される面だけではなく、合格への不安・プレッシャーがかかる点に注目されていたと言える。それゆえに、彼らの合格欲求を受け止めながらも、無批判にスタンダードに従ってしまわないよう

な対策が編み出されたと言える。

　そうであるならば、従来の議論によく見られたように、大学教員が学生に対して、スタンダードに依存せず主体的に学ぶことのみを強く期待すれば、学生は、行政からのスタンダードを満たすことへの期待と、大学教員からの主体的な学びへの期待との板挟みになり、教職に対する忌避感など"否定的感情"を増幅しかねない。本章の事例では、小中高の教育と同様に大学実践においても、学生の主体性を過度に強調するのではなく、学生が行政の示す期待と調整しながら、彼らの"否定的感情"を防ぎつつ、彼らの主体性の発現を支援するという難題に挑戦していたものということができる。

　だが他方では、この事例には下記の限界も見出せる。

　一つ目に、本事例における学生の学びでは、あくまでも教室内の複雑な文脈に焦点が当てられ、児童生徒の歴史的・社会的・文化的文脈はそれを理解するための視点の一つという位置づけである。そうなると、ともすれば、教室内の児童生徒の様子のみで判断しがちで、児童生徒の歴史的・社会的・文化的文脈は軽視されるおそれがある。本文内で述べた通り、クイーンズカレッジでは、省察を工夫することで理解を深めることを目指していた。だが、そこでも、教科教育をめぐる学びに重きが置かれ、非白人児童生徒の生活文脈など人種問題自体にどう向き合ったのかは焦点化されていなかった。こうしたことを踏まえれば、本事例において、白人教員学生がどれほど深く人種問題について認識を深めたのかは明らかではない。

　二つ目に、上記問題点とも関わるが、edTPAやクイーンズカレッジでは、課題意識としては人種問題への目配りはあったが、鍵概念としては「社会正義」が用いられたために、必ずしも学生の人種をめぐる認識修正に十分に焦点化されなかったとも考えられる。これは、同実践に限らず昨今の米国の教員養成研究全体の傾向としても指摘できることでもある。第1章でも指摘した通り、近年の米国教員養成で「社会正義」という概念が使われるとき、その核心は、学生が人種をめぐる認識を修正し、人種問題を主とする社会構造上の問題の解決を目指すことに置かれる。だが繊細な事柄であるためか、あえて人種問題とし

て直接的に言及せず、曖昧にして論じられることが多いように見受けられる。わが国で検討される際にも「社会正義」を鍵概念として検討されがちで、米国の議論の最重要部分を的確に分析できていないおそれがある。

　こうした課題意識を念頭に、次章以降では改めて、教員志望学生が人種をめぐる認識を修正する局面に特化し、学生がどのような"否定的感情"を抱くのか、その緩和をどう支援できるかを検討する。

註
1) 日本教師教育学会「特集『指標化』『基準化』の動向と課題」『日本教師教育学会年報』第26号、2017年、8-62頁。油布佐和子「教師教育の高度化と専門職化」佐藤学編『岩波講座　教育　変革への展望4　学びの専門家としての教師』岩波書店、2016年、135-163頁。
2) 牛渡淳「教職専門性基準」日本教師教育学会編『教師教育研究ハンドブック』学文社、2017年、22-25頁。
3) 長谷川哲也・黒田友紀「米国のスタンダードにもとづく教員養成プログラムとその運用について」『日本教育大学協会研究年報』第33集、2015年、39-50頁。佐藤仁「アメリカにおける教員養成教育の成果をめぐる諸相」『福岡大学人文論叢』第48巻、第4号、2017年、1069-1087頁。
4) Madeloni, B., Gorlewski, J., "Wrong Answer to the Wrong Question", *Rethinking Schools*, Vol.27, No.4, 2013, pp.16-21. Au, W., "What's a Nice Test Like You Doing in a Place Like This?", *Rethinking Schools*, Vol.27, No.4, 2013, pp.22-27.
5) 長谷川・黒田、2015、前掲。Tuck, E., Gorlewski, J., "Racist Ordering, Settler Colonialism, and edTPA", *Educational Policy*, Vol.30, No.1, 2016, pp.197-217. など。
6) Cronenberg, S., Harrison, D., Korson, S., Jones, A., Murray-Everett, N., Parrish, M., Johnston-Parsons, M., "Trouble with edTPA", *Journal of Inquiry & Action in Education*, Vol.8, No.1, 2016, pp.109-134.
7) Gurl, T., Caraballo, L., Grey, L., Gunn, J., Gerwin, D., Bembenutty, H., *Policy, Professionalization, Privatization, and Performance Assessment*, Springer, 2016.
8) インタビュー調査概要は次表の通りである。

対象者	所属	実施日時	場所
デービッド・ガーウィン (David Gerwin) 氏	ニューヨーク市立大学クイーンズカレッジ　歴史・社会科教育　教授	2017/09/03 17:00-18:30	同氏の自宅付近
レスリー・グレイ (Leslee Grey) 氏	ニューヨーク市立大学クイーンズカレッジ　教育哲学　教授	2017/09/06 12:30-13:00	同氏の研究室

9) edTPA, *About edTPA*, https://www.edtpa.com/PageView.aspx?f=GEN_AboutEdTPA.html, （最終確認2025年1月6日）
10) Madeloni, Gorlewski, 2013, *op.cit.*
11) Gerwin, D., "Professionalization, Policy, Performance Assessment, and Privatization in Social Studies", Gurl, T., Caraballo, L., Grey, L., Gunn, J., Gerwin, D., Bembenutty, H., *Policy, Professionalization, Privatization, and Performance Assessment*, Springer, 2016, pp.89-117.
12) 長谷川・黒田、2015、前掲。
13) Ledwell, K., Oyler, C., "Unstandardized Responses to a "Standardized" Test", *Journal of Teacher Education*, Vol.67, No.2, 2016, pp.123-134.
14) An, S., "Teaching Elementary School Social Studies Methods under edTPA", *The Social Studies*, Vol.107, No.1, 2016, pp.19-27.
15) 本事例で取り上げる大学教員のガーウィン氏とグレイ氏はいずれも白人である。
16) Grey, L., "Historical Context of Teacher Assessment and Evaluation", Gurl, T., Caraballo, L., Grey, L., Gunn, J., Gerwin, D., Bembenutty, H., *Policy, Professionalization, Privatization, and Performance Assessment*, Springer, 2016, pp.9-27.
17) Behizadeh, N., Thomas C., Cross, S., "Reframing for Social Justice: The Influence of Critical Friendship Groups on Preservice Teachers' Reflective Practice", *Journal of Teacher Education*, Vol.70, No.3, 2017, pp.280-296.
18) 山下晃一「教員の専門性と社会的予期の相互調整をめぐる問題」『教育制度学研究』第19号、2012年、159-164頁。
19) 佐藤仁「アメリカにおける『社会正義を志向する教師教育』に関する一考察」『名古屋高等教育研究』第20号、2020年、195-212頁。髙野貴大「アメリカにおける『社会正義』を志向する新たな教員養成プログラム」『日本教育経営学会紀要』第60号、2018年、112-127頁。など。

第3章
地域における教員志望学生への支援の展開
――ボール州立大学の地域実習を主軸とする実践に着目して――

　前章では、学生の率直な思いや要望を出発点とする事例の一つとして、大学における学生支援の試みを検討した。そこでは、スタンダードが導入されるなかで、スタンダードから学生を遠ざけるのでも、学生の主体性の発現をひたすら待つのでもなく、学生がスタンダードと批判的に向き合うこと自体を支援することで、学生が自身の考えと社会的予期とを調整できるように支援し、非白人児童生徒の発達を支える教科教育の在り方を考え始めたことを解明した。だが、同実践では、白人教員志望学生が人種をめぐる認識をどれほど深く修正したのかという、本研究にとって重要な局面については不明瞭な点が残った。この限界を踏まえれば、第1章で示した通り、人種をめぐる認識を修正するうえでは、学生が大学にとどまらず地域実習を行うことが必要になるとも考えられる。

　だが、改めて述べれば、地域実習は、教員志望学生に認識修正を強く促す触媒として位置づけられており、学生に対する否定的な理解に基づくものであった。その理解を変えないまま、学生を地域実習に送り出せば、学生は反動的・反抗的な態度あるいは断念に陥ってしまうとも考えられる。どのように学生を支援すれば、学生は人種をめぐる認識修正という教員養成担当者側の期待を実現できるのだろうか。この課題に向き合うべく、本章では、インディアナ州の州立大学の一つであるボール州立大学（Ball State University）における地域実習を主軸とした実践を取り上げて検討を行う。

第1節　検討対象事例の基本的枠組

(1) 検討対象事例の特徴

　まず、検討の前提として、本章で対象とする実践の特徴を確認しておく。本章が対象とするのは、ボール州立大学における地域実習を主軸とした教員養成プログラムである。米国において、同実践は他の実践に比べて、長期的な地域体験活動を導入し、地域住民が学生の教育に積極的に関わった点で画期的だとされる。[1] 同プログラムでは、学生に地域実習に関する「省察記録」を提出させている。同プログラムを導入した大学教員のジグムントらは、学生の省察記録を丹念に分析し、学生を支援した地域住民にインタビュー調査を行ったうえで、自らの実践を考察することで理論的・実践的な発展を目指している。第1章で示したように、白人教員志望学生の非白人児童生徒に対する理解を促すことは困難とされるが、彼らの議論はそれを克服しうる視点を有するものとして注目されている。[2] 同プログラムにおいて、地域住民は学生にどう働きかけ、それによって学生はどう育ったのか。ジグムントらは、それぞれにおいて、どのような点を重視するのか。本章では、これらを検討し、米国教員養成の理論と実践の両面において、同事例の新規性・意義を見出すことを目指す。

　検討対象としては、ジグムントらが取り上げた学生の省察記録や地域住民のコメント、それらに対する彼ら自身による解説を扱う。これらについて、従来の米国の事例や研究と比較しながら分析を進めることによって、彼らの議論から示唆される実践的・理論的な新規性・意義を見出していく。具体的な作業手順は次の通りである。第一に、事例検討の前提として、プログラムの導入背景や概要を確認し、第二に、ジグムントらの議論の検討を通じて、地域住民による支援の基本的態度と、その支援による学生の育ちとその意義を解明する。

(2) 実践の導入背景と概要

　ここでは、同実践の導入背景と概要を確認しておく。同実践は、インディアナ州のマンシー市（Muncie）にあるホワイトリー地域（Whitely）で行われた。市

全体もだが、そのなかでも同地域は最も貧困率が高く、児童生徒の98％が給食費の免除対象である。市全体は白人が多いが、この地域は例外的にアフリカ系アメリカ人が多い。

　同地域は、人口2,530人ほどの小さな地域である。そこには、NPOのホワイトリー地域カウンシル（the Whitely Community Council）があり、1カ月に1回、60～70名が集まって会議し、地域内のコミュニティ・センターのプログラムや人件費のためのファンドレイジングや地域の美化プロジェクト、地域の歴史的建造物の保存や修復、市・カウンティとの協働活動などを精力的に展開してきた。³⁾

　同地域内には、就学前（K）から5年生（5歳から11歳まで）の子どもが300人ほど通うロングフェロー小学校があり、学校、教会、コミュニティ・センター（local community center）など様々な機関が行う放課後教育プログラムもある。それらの教育プログラムの代表者は、1か月に1回、会合を開き、お互いに連携して教育活動を進めている。⁴⁾

　2009年、マンシー市は財政難で、同地域のコミュニティ・センターや公共図書館を閉鎖した。地域住民は、地域運営に積極的に関わり、そのなかで教育活動も重要視していたが、その実現に必要な資源を削減され、活動が十分に展開できなくなった。⁵⁾ジグムントらの実践が始まったのは、ちょうどこうした時期と重なっていた。

　同年に、ジグムントらが中心となってボール州立大学で開始したのがSchools Within the Context of Communityというプログラムである。同大学はマンシー市内にあるが、ホワイトリー地域とは離れた場所にあり、白人が多い地域にある。ここに通う教員志望学生の多くも白人で、ジグムントらは彼らの非白人児童生徒への理解が不十分なのではないかと懸念していた。⁶⁾そこで、アフリカ系アメリカ人の多く住むホワイトリー地域での体験活動を導入することにした。⁷⁾出発点においては、第1章で検討したザイクナーらと理念を同じくしていたと言える。

　同プログラムは、1セメスター（4か月）分、地域に"浸る"地域イマージョン体験（community immersion experience）を中核として、大学での講義、学校

での実習、地域体験活動を組み込んだものである[8]。3年生を対象としており、希望した学生のうち、書類・面接審査を経て合格した20名が受講できる[9]。

　大学の講義としては、18単位分に相当する。ここに組み込まれる講義は、幼稚園・小学校教育の指導法、学級経営、リテラシー教育、子どもの発達、児童文学、教育技術、社会正義のための幼稚園・小学校教育、社会科教授法、教育の基礎である。地域体験活動での学びと関連させながら、これらの講義を展開したという[10]。

　学校での実習としては、1日2時間、上述の小学校での実地研修を導入した。ここでは、授業を計画し教えたり、親と教師の会議や家庭支援活動に参加したりする。それに加えて、週1回以上、放課後教育プログラムに参加し、児童生徒の学習をより豊かにするプログラムを計画・実行する[11]。

　地域体験活動の内容については、本章の主たる検討対象であるため後に詳述するが、数例を挙げれば、学生は、地元の教会や美術館に出向いたり、NPOの地域カウンシルの会合に参加したりすることが求められる。ジグムントらは地域体験活動において、学生が地域住民に直接学ぶことが重要だと考え、非白人の地域住民をメンターにして学生を育てる役割を任せた。同大学では、学生のみならず大学教員もまた白人が多いため、非白人の当事者から話を聞くことの重要性を感じていたと推測される。大学側が地域メンターに依頼したのは、地域住民の日常生活・文化を学生に可能な限り伝えることであった。当該地域内の、地元教会の牧師、地域の高齢者（community elders）、地域カウンシルのメンバーなど12名がメンターになった。具体的な指導内容・方法は彼らに一任したという[12]。

　本章では、ジグムントらによる議論の検討を通じて、地域メンターのどのような関わり方が学生の人種をめぐる認識修正・行動変容を促すうえで重要となるのかを解明する。ここで概括的に述べておけば、地域メンターが熱意を持ち、支援的な態度で学生に関わったことが、この実践の特質であり、学生の育ちの鍵だったという。

第2節　地域メンターによる支援の基本的態度

　本節では、ジグムントらの議論をもとに、第1章で検討した主導的論者の課題をどう克服しうるかという観点から、地域メンターが学生をどのように地域に迎え入れたかについて検討し、彼らの支援の基本的態度の特徴を解明することを目指す。

(1) 学生への徹底的な共感・受容と安心感の醸成

　学生の多くは、地域に来た当初、不安を抱えた様子だったという。そこで、最初から学生と地域メンターが一対一という濃い密度で会うのではなく、同じ立場にある学生同士の関係をも作れるよう、集団で関係構築を開始した。

　まず、最初の活動として、学生の緊張を解きほぐす意味を込めて、朝食会を催すことにした。そこで学生は、大学教員、学校管理職、地域メンター、様々な地域組織のスタッフと面会した。食事をともにしながら地域メンターは自己紹介をして、関係構築の第一歩とした。このように、温かく迎え入れられる場を設けることで、学生が地域メンターの人柄も含めて、生活・文化を理解し始められるように工夫した。

　第一週目終わりの金曜日の朝食会で、ようやく各学生は担当の地域メンターと面会する。同日は朝食の後、地域メンターが学生に地域を案内して回る。その際、学生も多く関わることになる教育施設については説明を加えたり、自分の家族、地域のリーダー、教会の牧師、近隣住民と引き合わせたりする。これらをジグムントらは「地域への公式な歓迎(an official "welcome to the neighborhood")」と呼び、学生が地域住民のホスピタリティを肌で感じ、地域を新しい「家」のような安全な場所だと (the safety of their new "home") 安心できるようにしたと解説する[13]。

　こうして、地域メンターは学生に対して、決して一方的・独善的に自文化の良さを伝えるのではなく、彼らが安心できるよう、彼らの感覚を想像・受容しつつ環境整備に腐心したと言える。

(2) 地域の教育理念・活動への好奇心の喚起

　その後に、地域メンターは自分たちの教育に関する理念・活動を学生に説明した。まず、地域メンターが児童生徒の成功のためにどれほど協働しているかを、情熱的かつ明晰に伝える。学生はしばしば地域住民に対して教育への関心が薄いという偏見を持っていることが予想されたが、メンターは自らの教育への意識を説明することによって、地域住民が実際にどのように教育活動を展開しているのか、学生の好奇心を喚起しようとした。そのうえで、地域の教会の祭り、近隣地域のパーティ、学校・家庭ナイト (school family nights) など、協働で児童生徒を育てる営みが直接見られるようにしたという[14]。ここでは、学生が安心感をもち好奇心を喚起された状態を準備することで、地域への肯定的な感覚も伴って、その教育理念・活動への理解を深められるようにしたと言える。

(3) 地域活動への主体的参加の支援

　上記のように、学生が、当該地域の教育に関する理念・活動を理解できるようにしたうえで、地域メンターは学生を"外部者"として迎えるのではなく、地域の"内部の人間"として協働を促した。その手立てとして、学生にNPOの地域カウンシルへの参加を求めた。

　具体的には、地域メンターは学生に、補助金申請事業の作業を支援してもらうことにした。それは、児童生徒の学力保障のためのプログラムを進めるべく、州の基金の獲得を目指した事業である。こうした仕事を通して、学生が地域の子どもや若者を対象にしたプログラムはどのような効果があるのかを学べるようにしたという[15]。

　ここでは、地域メンターが学生を地域カウンシルに連れていき、明確な役割を与えることで、地域に参加することの意義やその具体的方法を徐々に学べるようにしている。従来の議論では、学生は積極的な心構えを整えたうえで地域体験活動に参加することを求められていたが、異文化の地域で、どのように自分が参画できるのか想定することは容易ではない。上記取り組みでは、いわば「正統的周辺参加」によって[16]、学生の抵抗感を減らし、その実現を容易にした

と言える。

　さらに注目されるのは、地域の清掃活動など既存の活動に参加を促したのではなく、地域住民が教育の在り方について話し合う場面をこそ学生に見せた点である。この点についてジグムントらは、「地域が一貫して、すべての子ども達の未来と潜在的能力を信頼・期待しており、地域住民は皆、子どもの発達に責任を持つことを、学生が理解できるようにした」と評価した[17]。ここでは、単に非白人児童生徒の理解を深める手段として地域理解を促すのみならず、地域住民自身が教育を大事にし積極的に関わる姿勢をも見せようとしたと言える。その意義については後に論じる。

　以上を踏まえれば、学生に対して厳しく反省を迫ってきた従来の議論に比したとき、地域メンターによる学生への支援には二つの特徴を見出すことができる。

　第一に、学生は同地域に対して、偏見や敬遠意識を持っていることも予想されたが、地域メンターは、強制的・急激にそれを払拭することは求めず、学生はその認識をいずれ変えると信じて、まずは彼らが安心して学べる環境を整備したことである。ここに、第1章で述べた従来の議論との根本的な違いの一つがある。

　第二に、学生側が自発的に地域を理解するのを待つだけではなく、地域メンター側が自分たちの教育に対する思いを明確に説明したり見せたりして、学生が理解しやすい状況を作ろうとした点である。ここでは、地域丸ごとというより教育への熱意の側面に力点を置き、地域理解を促すことで、学生の地域理解への抵抗感・困難感を減らしたとも考えられる。人種問題は白人にとっても繊細な課題であり、学生からすれば立ち入りづらいテーマである。そう考えれば、今回の事例のように、地域側が歩み寄った点は非常に重要だとも考えられる。とはいえ、これは学生を"甘やかす"ことになり、結局、彼らが人種問題をめぐる認識を変えないおそれもある。この点について次章以降で検討を進めたい。

第3節　地域メンターの支援による学生の育ち

　上記のように従来とは異なり、地域メンターが学生に安心感を保障し彼らの変容可能性を信頼して地域体験活動を展開したとき、学生はどのように育ったのか。本節では、学生の人種をめぐる認識修正・行動変容の局面に焦点化し、ジグムントらが注目する育ちの要件と帰結について検討し、従来の理論と実践の発展方向性を見出す。

(1) 地域への偏見の払拭

　本実践で学生は、毎週、地域実習での経験と気づきを振り返る「省察記録」を書くよう促される。そこで彼らは、自身にとって重要な経験を取り上げ、その前後で考え方がどのように変わったのかを重点的に記している[18]。学生の育ちを見ようとする本研究にとっては、非常に重要な資料である。そこで、それらとジグムントらの解説を検討することで、学生が地域メンターの支援をどう受け止め、どのように認識・行動を変容したのかを丁寧に分析する。

① 自文化の特権性を自覚する段階

　まず、第1章でスリーターらも述べていたように、学生は偏見やその裏にある自文化の特権性を自覚する段階を通る。しかしながら、その実現には、従来と異なる要件を見出すことができる。この点について、下記の学生の省察記録から解明を試みる。

　　初めは、これから何が起こるか不安だった。「線路を越えてはいけない」という言葉をキャンパス内で何度も耳にしていたからである。(中略) だが私は、この「貧しい」コミュニティが非常に「豊か」であることに何度も驚かされた。私はメンターとともに教会に参加したりすることで、地域社会の精神的な強さを実感できた。また、メンターと一緒に地域カウンシルのミーティングに参加することで、驚くべき動員力を体験できた。これは、物事を実現するために協力し合う地域の強さを示していた。私のメンターは、これらがどのように進められてきたの

か、また、今日の成果を上げるために克服してきた障壁について、重要な歴史を教えてくれた。メンターがいなければ、この地域の歴史的な抑圧がどのように続いてきたか、そして住民が忍耐力と回復力（perseverance and resilience）をもち、どのように主張し続けてきたかを知れなかった。メンターとの率直で誠実な会話（honest and open conversation）によって、私はこれまで知らなかった特権的な過去に気づかされた。

　ジグムントらは、「人種差別的な捉え方から脱却できるように、メンターが『真正なケア』を行ったことで」、上記省察が可能になったと解説する[19]。ここでいう「真正なケア」とは、地域メンターが学生に対して、地域住民がどのように人種差別を経験し、それにどう抵抗してきたかを語ることを指すと解釈できる。ここに、ジグムントらの考えが現れていると言える。彼らが「真正」とあえて記すのは、白人である教員志望学生に対して、人種差別に加担していると責め立てるのではなく、だからといって、人種差別の歴史から目を背けることを許すのでもなく、学生がその事実に誠実に向き合えるよう、非白人の立場から人種問題について丁寧に話すことを意味すると考えられる。

　ここで重要なのは、上記の学生の語りに、特権性を反省するという自己否定的な側面よりも、地域メンター・地域住民への肯定的な評価が多い点である。ジグムントらの解説と合わせて省察記録を読めば、第一に、地域カウンシルのミーティングへの参加など、学生が地域住民の輪の中に迎え入れられ居場所感を得て、いわば相互承認関係を築き始めたこと、第二に、地域メンターの丁寧な説明を聞くことで、地域住民に対して敬意が生じたことが読み取れる。これら二点は、従来の否定的・叱責的なニュアンスとは一線を画す受け取り方を示しており、自文化の特権性を自覚する際の新たな要件として見出せる。

② 人種問題への認識を修正する段階

　先行研究に従えば、学生は自文化の特権性を自覚するのみならず、人種問題への認識を修正することが求められる。この実践では、それはどのように可能になったのか。ここで検討するのは、地域メンターとともに他州の人種差別を

描いた博物館に出かけ、その帰り道に行った会話に関する省察記録である。

　　重苦しい一日だったので、帰り道には静かに考える時間があった。「小さな町」をバスで通り抜けながら、私は「『小さな町』は好きですか？」と問うと、メンターは「いいえ、全然」と答えた。彼女は私を批判することなく、彼女と家族がその町を運転するときに、(人種差別により)感じた恐怖や、危険を避けるためにわざとそのような場所を迂回してきたことを話してくれた。私はこのような視点を考えたことはなかった。なぜなら、私のこれまでの経験にはなかったからだ。この会話は忘れられないし、「小さな町」を同じように見ることは二度とないだろう。[20]
（丸括弧内は引用者補足）

　ここで挙げられる「小さな町」とは、ほとんどの居住者が白人である地域を指す表現である。こうした町は、法律・暴力によってアフリカ系アメリカ人を排除してきた歴史を持ち、人種差別的な意識が根強く残る地域だとされる。[21]

　上記省察について、ジグムントらは、次のような解説を加える。「メンターが、教育を目的として、インディアナ州における人種差別の歴史を丁寧に説明することで、学生がこれまで同州の『小さな町』を美しいと思えたのは、自らが特権的位置にあったからだと気づけるようにした。これは『真正なケア』である。メンターが学生を信頼し、思いやりを持ってやり取りをすることで、異なる立場の現実が強く照らし出され、学生の批判的意識をさらに発展させた」[22]。

　ここで注目すべきは、学生が「私を批判することなく」と記す点である。この言葉からは、上記のように人種差別について語られるとき、白人である自分は一般的には批判されるものだという認識が読み取れる。だが、今回はそう感じなかったため、印象に残ったと予想される。ジグムントらによる解説と合わせて考えれば、地域メンターは人種問題をめぐって個人的気質を責めるのではなく、むしろ、個人間では信頼関係を築けていたからこそ、彼らは人種差別の経験について語り、それゆえに学生は、その事実を受け止め、自身も含めた白人の特権性を認め、その認識の修正必要性を理解することができたと考えられる。

この事例を見ると、地域メンターが負の感情も含めて人種差別の経験に対する率直な思いを学生に伝えること自体は、認識修正を促すうえで有効だと考えられる。この点は、従来の議論とも共通する。しかしながら本事例の最も重要な点は、学生が、彼らの過去や人格を責められたと感じていない点である。もし、そのように感じてしまえば、抵抗・反発が強まったり、あるいは、変えようがないと諦めてしまうおそれがある[23]。そうではなく、この事例のように、学生を信頼するからこそ率直な思いを伝えることで、学生は、過度に罪悪感にさいなまれず、しかしながら、他人事としてではなく、自分自身も関わる問題として、人種差別をめぐる認識を修正したと考えられる。

③ 学生自身の孤独感の気づきと受容

　このようにして、学生は、地域メンターという他者の思いに触れることで自文化の特権性は虚像であると気づいたが、それは自文化自体に対する認識をどのように変えるのだろうか。その点について、以下の省察記録から考察を試みる。

　　車から手を振ってくれる住民に驚いた。ホワイトリー地域は歓迎し、もてなしてくれる地域だと言われている。自分の出身地域では、ここのようにスピードを落として窓を開け、親切に挨拶をしてくれないのかと悲しくなった。歩いているうちに、とても素敵でゴージャスな教会や、世代間のつながりの大切さが語られていることにも圧倒された。私の住んでいる地域では、そのような深い愛情はなく、本当に孤独を感じていた[24]。

　この学生の省察に対し、ジグムントらは「いかに地域メンターのホスピタリティが、学生が新しく慣れない領域に気楽に入れるよう、歓迎された空間を作り出しているかを象徴している。(中略) この温かい受け入れが、学生の同地域への欠陥枠組に基づく見方を根本的に変えるうえで非常に重要である」と解説する[25]。

　ここでは、地域の良さを理解するとき同時に、自身が自文化で感じてきた孤独感を自覚したことが記される。これを踏まえれば、従来、学生は、自文化を

良きものと捉え、「他者も望む規範」だと信じ込むと指摘されてきたが、そう とは限らず、彼らもまた生育歴のなかで、様々な窮屈さを感じてきた可能性が ある。

　米国の著名な哲学者の一人であるヌスバウム（Nussbaum, M. C.）によれば、人 種差別は、「自らの脆弱性やそれに対する嫌悪感を（自らより社会的に下位な）他 者に投影する」行為である（括弧内は筆者補足）。それを克服するには、「人間の 根本的な弱さや相互依存性」を認め、「お互いに対する敬意や互恵性」を培うこ とが必要になるという。上述の①②では、非白人との相互承認・信頼関係のな かに学生が位置づけられたと感じ得ることが重要だと指摘した。ここの省察記 録と合わせて考察を深めれば、その関係のなかでは、学生自身が、自らの"弱さ" を自覚し、それを受け入れられると言えよう。そのとき、これまでその"弱さ" を他者に投影（＝抑圧）して覆い隠してきた可能性にも気づくことができるかも しれない。この過程を経て、抑圧・被抑圧構造の根底的な問い直しを可能にす るとも考えられる。次章で詳述するが、こうした気づきは、単に人種問題の解 決のみならず、教員という権力性を帯びうる立場に立ったとき、不当に児童生 徒を抑圧しないためにも重要だとも考えられる。

　以上の検討を踏まえれば、学生への働きかけ方を否定的・叱責的動機づけか ら肯定的・ケア的動機づけに発展させることは、単に学生に寄り添うためだけ ではなく、学生が人種問題の根底的な問題への向き合い方を発展させるために も有効だと浮き彫りになった。

(2) 地域に根ざす教育実践の創出へ

　以上のように、学生は認識を修正すれば、当然、彼らの教育活動への関わり 方も変わると予想される。本項では、この点について検討を加える。

① 差別への子どもの気づきへの寄り添いとエンパワーメント

　上記のように認識を修正した学生は、教育実践のなかで、地域に根深く残る 人種問題とどのように向き合うことができるのか。

第 3 章　地域における教員志望学生への支援の展開　79

　ここでは、ある学生が小学 1 年生のクラスで行った事例を検討する。ジグムントらの解説に従い、概要を述べる。その学生は、担当教室の児童と一緒に地元の子ども博物館への遠足に参加した。学生が展示物のひとつである近隣地域の模型を観察していたとき、一緒に見ていたアフリカ系アメリカ人児童が、「なぜアフリカ系アメリカ人のフィギュアはないのか？」と聞いてきた。学生は、一瞬その発言に驚いたが、その児童と一緒に展示物を見て回ると、非白人のフィギュアが極端に少ないことに気づいた。学生はその児童に、このことを他の児童に話してほしいと頼んだ。その話を聞いた学級の児童は、子ども博物館に不正を正すよう求める手紙を書くことを決めた。学級の児童全員でアフリカ系アメリカ人のフィギュアを探し、それを持って博物館に行った。博物館のスタッフに誘導されて、自らの手で最初のフィギュアを展示することになった。その児童は誇らしげに、「これでみんな一緒に幸せになれる」と言った。学生は、この体験について、次のように記した。

　もし私がこの養成プログラムに参加しておらず、同じような場面に直面していたら、おそらくその少女に「これは博物館の人々による表示方法の一つだ」と言っていた。メンターとの経験や、不正に対して人々がどのように動員されるかという具体例を見て、私は子どもたちと一緒にこのプロジェクトを引き受ける勇気を得た。子どもたちは、自らの地域を代表するはずのディスプレイに、自身と同じような人たちを見ることができるべきだと強く感じた。このプロジェクトを通して、私たちは何歳になっても変化をもたらすことができるということを一緒に学んだ。[29]

　この学生は、これまでに述べてきた地域メンターの支援による認識修正を経たからこそ、博物館の不正な描写に抵抗の声を上げることができたと記す。この点についてジグムントらは、次のように解説を加える。「この学生はケアされたことで、より共感的な方法で子どもや地域をケアすることが可能になる。こうした過程を経て、学生は子どもたちにとって適切で魅力的な体験を用意する意欲を持つことができた。また、地域住民やメンターと交流し諸活動を経験

することによって、人種・権力・特権性・公平性への問題意識を高め、社会正義の活動に子どもたちを参加させるために、学生がどう主体性を発揮し、どんな行動をすればよいかを学んだ。」[30]

　従来の議論と比したとき、ここに特徴的なのは、「共感」や「ケア」という言葉が使われる点である。学生の実感に即して述べるならば、第1章で述べた従来の議論のように、社会正義というマクロかつ理念的なものを強く目指すというより、身近で自分を大切にしてくれた人々への想いに応答することを出発点にして、地域における不公正の変革に主体的に携わり始めたと言える。かねてより指摘されてきた通り、学生が人種問題や社会正義を容易には理解できない状況に鑑みれば、その状況に対する現実的な対応策として、上記は有効な発想だと言える。

② 従来の教育実践の相対化

　第1章で指摘した通り、学校自体も白人中心主義の考え方に基づきがちであった。学生は教員になることを踏まえれば、地域における人種問題の変革に携わるのみならず、白人に親和的な学校文化・教育実践の在り方について再考する必要がある。ここでは、自身の出身地域とは異なる文化を有する地元の教会に出席することで、従来「正しい」と思い込んできた教育の在り方を問い直す事例を扱う。

　　地域の教会に出席したが、私は本当に楽しかった。同じキリスト教でも相互作用や参加の方法が自分の地元の教会と違い、自発的な発声が賞賛の表現の例外ではなくルールであると知った。説教 (preach) の繰り返し、発声のバリエーション、コール＆レスポンスが、牧師のメッセージに統合されていた。礼拝は2時間にも及んだが、私はずっと集中していた。こんなことはあまりなかったことだ。牧師は教え方の素晴らしい手本を見せてくれた。教えるということは、定型的な計画ではなく、芸術的な過程だと分かった。

　ジグムントらはこの省察記録について、学生が、児童生徒の強みを生かしう

る文化応答的な教育（culturally responsive teaching）を理解したと説明する[31]。ここで重要な点は、個々人で静かに認知能力を高めることが良いとは限らず、感情を伴って身体を用いて共同参加・表現することを通じて、知識が身につく可能性に気づいたことである。それを理論的に学ぶだけではなく自身も体感しながら、具体的な教育方法をその効果とともに知ることができたと言える。

その後、彼らが授業計画を立てる段階でも、児童生徒が関心を持って積極的に参加できるよう、静かに話を聞くだけではなく、身体を使った表現・パフォーマンスの機会をどう組み込むかを考えた。この段階では、「どうしてこれまで自分が通ってきた学校では、自発的な参加は罰せられたのか」などとも考えたという。

ここに、従来の教育実践を相対化しうる気づきが見受けられる。ここで留意すべきは、白人は学校教育で利益を享受してきたとは言い切れない点である。たしかに、一般的に、社会的優位にある児童生徒の方が「静かに話を聞く」などの学校の規則・規範・規律に順応しやすいと言われる。だがわが国では、必ずしも彼らが快適に過ごしたことを意味せず、むしろ窮屈さや抑圧性を感じてきた可能性も指摘されてきた[32]。

そうした指摘を踏まえたとき、米国でも上記のように、人々につながりや身体的な解放性をもたらす教育に触れることで、白人教員志望学生は自身の感じてきた窮屈さ・しんどさを自覚して和らげうるとも考えられる。こうして学生は、特権性を反省するというより、そこに含まれる窮屈さなどを和らげる過程を通じて、従来の教育実践の「正しさ」を再考する可能性も示唆される。

③ 地域における学校教育の意義の再発見とその共有

同事例では、学生は、従来の教育実践を相対化し、新たな教育方法を模索しただけではなく、地域内での教育活動を発展させ始めた。その代表例として挙げられるのが、Books like me というリテラシープロジェクトである[33]。

学生は、地域の教育活動に関わるなかで、自らの文化的ルーツに関わる文献を読むことが、アフリカ系アメリカ人の児童生徒の自己肯定感を高めることを

支えると実感したとされる。たとえば公民権運動を扱ったものは効果的だったようである。児童生徒が書籍の内容にどれほど自分自身を探しているのかを実感したという。そこから学生は、リテラシー教育において、児童生徒の生活背景と結びついていること、その教育を通じて児童生徒の自己効力感が高まることが重要だと考えるようになった。こうした気づきをもとに、上記プロジェクトを始める。アフリカ系アメリカ人について書いた文献で、児童生徒も読めるものを用意し、図書館に入れようと企画した。それを学生は地域住民の力を借りながら展開した[34]。同プロジェクトについて順を追って概要を記す。

まず学生が61冊の本を特定し、それらのデータベースを作った。タイトル・著者・ジャンル・難解度・トピックなどについて表を作成した。そののち、20人の地域住民を2時間の地域リテラシープロジェクトに招き、これらの本についてレビュー・批判したり、子どもたちに読んでほしい本を選んだりしてもらった。小学校や子どもセンターの教職員、教会のメンバー、地域カウンシルのメンバー、保護者、地域の高齢者などが参加した。彼らはイベントの間、参加者同士で感想を交換したりした。そして最後に、自分のお気に入りの本に「投票」してもらった。このイベントを経て21冊の本が選ばれて、図書館だけではなく大学からの基金を得て、地元の小学校、子どもセンター、コミュニティ・センター、放課後教育プログラム、地元の教会に所蔵された[35]。

これは、もちろん児童生徒への教育効果を考えて始められたものであったが、そのイベントの副次的成果として、地域住民自身が本を読むことの意義を再発見することになった。「自分自身の生活と本の内容とを結びつけて読めて、とても嬉しかった」と語った地域住民もいたという。本を介して、それぞれのアイデンティティ形成の過程が共有されたりもした。そうした地域住民の感動が学生にも伝えられた[36]。

今回は、学校ではなく地域を中心に行われたが、類似する事業は学校内での活動としても展開できるだろう。学生は、学校での読書活動やリテラシー教育について、児童生徒の自己肯定感の向上、ひいては自己形成への意義という観点から再検討できたと同時に、こうした活動を通じて、地域の大人が学校教育

の意義を知ることの重要性にも気づくことができたと考えられる[37]。

ジグムントによる示唆はこうした記述にとどまるが、従来の日米における教員養成の議論と比べたとき、学生の上記変化や活動は、以下二点で理論的な発展方向性を示すものと言える。

第一に、学生は単に社会不公正の変革という目的から地域理解を進めたのではなく、「学校や教育を支える社会的基盤」として地域の重要性を理解し始めた点である[38]。ここに、教員養成における地域体験活動の新たな意義の一つを見出せる。従来の議論では、社会不公正の変革という、必ずしも教育に限らないマクロな文脈から地域に焦点化されがちだったが、上記のように教育という営みは地域や生活と密接に結びつくという観点から、地域と学校教育の在り方をも視野に入れて、養成実践の在り方を検討する必要性を指摘できる。

第二に、学生のみならず、地域側もまた、教員養成に関わるなかで、学校教育への理解を進めうる点である。従来は、非白人居住地域の不当な被抑圧性の克服を強調するばかりに、地域はもっぱら善と見られがちで、こうした観点は見失われがちだった。本事例での地域住民の働きかけについて、ジグムントらは「彼らはメンターという役割を引き受け、学生の教育への責任を真剣に受け止めていた」と評価する[39]。

この指摘からは、従来のように地域を保護対象として見ずに、むしろ彼らの潜在的な力を信頼して任せたことによって、「現状肯定的な地域への傾聴・配慮・熟視の姿勢」を超えて、「今の児童生徒が大人になった未来を意識し、よりよい地域の在り方を意識する」可能性を見出せる[40]。この点は、従来の日米における教員養成の理論と実践を発展させうるとして受け取るべきだと言える。

第4節　小　括

本章では、地域住民が白人教員志望学生に支援的に関わった事例を検討してきた。ここでは改めて、地域住民が学生理解をどう変えたのか。学生はどのように人種をめぐる認識を修正したかを整理し、それらからどのような教員養成

上の意義を見出しうるのかを検討する。

　第一に、学生理解としては、①非白人居住地域に対する否定的感情を前提として、それを責めずに彼らが安心できる環境づくりが必要だと考えたこと、②人種問題をめぐる理解を促す際にも、学生が個人の過去や気質を責めないように十分に留意し、地域住民との信頼関係を築いたうえで地域住民から人種差別を受けた経験や抵抗の歴史について話すことを意識していたことを明らかにした。学生がどのように人種をめぐる認識を修正していたかに着目すると、自文化の特権性や裕福さを反省的に省察するというより、ときに自身が感じた窮屈さや孤独感に気づき、それを和らげる過程を通ることで、認識修正に至ることが示唆された。

　第二に、教員養成の議論において地域を、マクロな社会構造上の不公正という観点からのみならず、「学校や教育を支える社会的基盤」という観点から捉える必要性を指摘した。先行研究でも、学生は地域に関心を持つべきと提起されたが[41]、そこでは、社会不公正の再生産などマクロな問題が焦点化されがちだった。他方、本事例で学生は、単に社会不公正を正すための手段として学校教育を変革するというよりは、当該地域の住民が学校教育の意義を再発見・再確認できることも重要だと気づいていた。こうした気づきにより、学生は、学校・地域双方の既存の価値観を無批判に善とせず、それらを再考しながら、地域住民とともに未来の教育の在り方を構想することが可能になる。それらの活動を通じて、マクロ・ミクロ両方の視点から未来の地域の在り方を考えることにもつながると考えられる。ここで重要なのは、学生が、一般的な地域貢献とは区別して、"教育関係の再編成を通じた社会変革"を展望しうる点である。こうした観点をも含めて、地域と教員養成の議論を発展させる必要がある。

　以上の検討を踏まえれば、教員養成担当者は、教員志望学生が非白人居住地域での実習で"否定的感情"を抱いたとき、それを否定・叱責するのではなく、その緩和を支援することに注力することで、人種をめぐる認識を修正する可能性を高めることが示唆された。かねてより教師は、自己犠牲的・献身的性質を帯びがちであると言われ、だからこそ、自分の傷つきを的確に自覚し、自ら労

われることも必要と言われる[42]。これを踏まえれば、本章で解明したように、学生に対して、否定的・叱責的に向き合うのではなく、肯定的・ケア的な働きかけを意識し、彼ら自身が自らの"弱さ"を自覚し受け止めることができるよう支援することは、教員として育つうえでも重要な局面になると考える。

註

1) Payne, K., Zeichner, K., "Multiple Voices and Participants in Teacher Education", Clandinin, J., Husu, J. (eds.), *The Sage Handbook of Research on Teacher Education*, Sage Publication, California, 2017, p.1110.
2) Sleeter, C., "Critical Race Theory and the Whiteness of Teacher Education", *Urban Education*, Vol.52, No.2., 2017, p.164.
3) Zygmunt, E., Clark, P., Clausen, J., Mucherah, W., Tancock, S., *Transforming Teacher Education for Social Justice*, Teacher College Press, New York, 2016, p.11.
4) *Ibid.*, p.11.
5) *Ibid.*, p.43.
6) *Ibid.*, p.2.
7) 米国の教職課程の質保証は、事前よりも事後の評価システムを充実させる傾向にある（佐藤仁『現代米国における教員養成評価制度の研究』多賀出版、2012年、9頁）。また、わが国の教職課程よりも、科目設定などにおいて、各大学の独自性を出しやすい状況にある。本章で検討対象とするプログラムは、大学独自の取り組みである。これは、大学所定の教職専門科目の一部（3年次1セメスター9科目18単位）が地域体験活動と結び付けて行われる。通常はすべて座学で行うところを、このプログラムで代替できるものである。
8) Zygmunt et al., 2016, *op.cit.*, p.11.
9) Zygmunt, E., Cipollone, K., Tancock, S., Clausen, J., Clark, P., Mucherah, W., "Loving Out Loud: Community Mentors, Teacher Candidates, and Transformational Learning Through a Pedagogy of Care and Connection", *Journal of Teacher Education*, Vol.69, No.2, 2018, p.130. すべての年度に及ぶ人種構成は不明だが、3年間の記録によると、全60名中、51名が白人、5名がアフリカ系アメリカ人、3名がヒスパニック、1名が二つの人種にルーツを持つ学生であったという。なお、現在はコロナ禍の影響を受けて運用形態が変わり、1セメスター分、地域に入るのではなく、単発的に地域施設を見学したり、地域活動に参画するのみになっている。ジグムントらはそれでは不十分だと考えており、元の形態に戻せるように働きかけているところである。（ジグムント氏へのインタビュー調査より）

対象者	所属	実施日時	場所
エバ・ジグムント (Eva Zygmunt) 氏	ボール州立大学 教授	2023/09/04 10:00-11:00	同氏の自宅

10）Zygmunt et al., 2016, *op.cit.*, p.11.
11）*Ibid.*, p.12.
12）Zygmunt et al., 2018, op.cit., p.130.
13）Zygmunt et al., 2016, *op.cit.* p.39. Zygmunt et al., 2018, op.cit., p.132.
14）Zygmunt et al., 2016, *op.cit.*, p.40.
15）*Ibid.*, p.44.
16）レイブ，J.、ウェンガー，E.、佐伯胖訳『状況に埋め込まれた学習』産業図書出版社、1993年（原著1991年）。
17）Zygmunt et al., 2016, *op.cit.*, p.44.
18）Zygmunt et al., 2018, op.cit., p.131.
19）Ibid., p.133.
20）Ibid., p.133.
21）Loewen, J. W., *Sundown Towns: A Hidden Dimension of American Racism*, The New Press, New York, 2018.
22）Zygmunt et al., 2018, op.cit., p.133.
23）Seidl, B., Hancock, S., "Acquiring Double Images: White Preservice Teachers Locating Themselves in a Raced World", *Harvard Educational Review*, Vol.81, No.4, 2011, p.704
24）Zygmunt et al., 2018, op.cit., p.132.
25）Ibid., p.132.
26）Sleeter, C. "Preparing White Teachers for Diverse Students", Cochran-Smith, M. et al.（eds.）, *Handbook of Research on Teacher Education, Third Edition*, Routledge, New York, 2008, p.561.
27）ヌスバウム, M. C.、小沢自然・小野正嗣訳『経済成長がすべてか？』岩波書店、2013年（原著2010年）、44、50頁。
28）ケアという概念は多義的であるが、ここでは事例に即して、「"弱さ"も含めて、学生の存在をそのまま受け止め、彼らに対して思いやりを持って丁寧に関わる」という意味合いで用いている。
29）Zygmunt et al., 2018, *op.cit.*, pp.134-135.
30）Ibid., p.135.
31）Zygmunt et al., 2016, *op.cit.*, p.134.
32）竹内常一『子どもの自分くずしと自分つくり』東京大学出版会、1987年、37-41頁。
33）Zygmunt, E., Clark, P., Tancock, S., Mucherah, W., Clausen, J., "Books Like

Me: Engaging the Community in the Intentional Selection of Culturally Relevant Children's Literature", *Childhood Education*, Vol.91, No.1, 2015, pp.24-34.
34）Zygmunt et al. 2016, *op.cit.*, p.63.
35）Zygmunt et al. 2015, op.cit., p.28.
36）Ibid., p.29
37）山下晃一・可児みづき・榎景子「教師―保護者間の関係構築に向けた教員養成上の課題と実践――米国における試みに焦点を当てて」『神戸大学大学院人間発達環境学研究科研究紀要』第5巻、第2号、2012年、257-266頁。
38）平塚眞樹「地域社会と教育の現在」教育科学研究会『現代社会と教育』編集委員会編『現代社会と教育〈1〉現代と人間』大月書店、1993年、228頁。
39）Zygmunt et al., 2018, op.cit., p.135
40）山下晃一「〈学校と地域〉の関係を問い直すための予備的考察」末松裕基編著『教育経営論』学文社、2017年、58頁。
41）髙野貴大「アメリカにおける『社会正義』を志向する新たな教員養成プログラム」『日本教育経営学会紀要』第60号、2018年、112-127頁。
42）竹内常一・全国生活指導研究協議会編『教師を拒否する子、友達と遊べない子』高文研、2003年、209頁。

第4章
現代アメリカ教員養成における教員志望学生への理解の転換
――ジャップらによる主導的論者への批判を対象として――

　前章までで解明してきた通り、昨今では、米国教員養成の実践において、教員志望学生に対する理解が変えられ始め、学生の率直な思い・考えを出発点に据えながら、彼らの人種をめぐる認識を修正すべく支援が試みられていた。

　本章では、第2章・第3章で見出した実践的提起について、一歩深めて理論的意義を見出すべく、とくに第1章で検討した主導的論者に対して批判が展開されていることに注目し、その議論について検討を行う。本研究の視点の一つである学生の"否定的感情"に着目しながら、教員養成担当者が学生理解をどう変えることが提案されているか、それに伴い学生をどう支えることが提案され始めているかを明らかにする。その作業を通じて、現代米国教員養成の議論と実践の到達点を的確に見出すことを目指す。

　本章で検討する議論の特徴は、教員養成担当者が学生の養成途上での率直な思いや不安を丹念に聞き出し、学生の内面を緻密に捉えたうえで、自らの実践を振り返り改善しようとする点にある[1]。それは、主導的論者のように、教員養成担当者側の期待・規範を実現したか／していないかという観点で、学生への評価を下す姿勢とは一線を画する。学生の受け止め方を重視する本研究の立場からすると注目に値する。

　具体的作業としては、第一に、主導的論者への批判の主眼として、批判者が主導的論者による学生理解の問題点をどこに見出したかを浮き彫りにする。第二に、批判者は、学生理解を発展させるべく、学生の"否定的感情"の発生要因をどう把握しているかを検討する。第三に、学生がどのような過程で人種を

めぐる認識を修正するのかを丁寧に検証した論考を手がかりにして、教員養成担当者は学生の"否定的感情"にどう向き合いうるのかを考察する。

第1節　主導的論者による学生理解の特質とその問題点

(1) 主導的論者による学生理解の特質

　はじめに、第1章で検討した主導的論者の主張を改めて確認する。教員養成における重要課題として、教員志望学生に白人が多く、彼らが無自覚にせよ、非白人児童生徒に対して偏見やステレオタイプを持ち、不当な「権力性」を行使するおそれがあることが問題視されていることを指摘した。学生への期待の大枠として、第一に、米国の公立学校では非白人児童生徒が多い一方、教員には白人が多いため、人種をめぐる不平等解消が進まないという問題意識が重要な前提とされていること、第二に、この前提をもとに、教員に期待される様々な資質・能力の中でも、非白人児童生徒の生活や文化的背景について理解を進め、非白人児童生徒への適切な教育的働きかけができるようになることに注力されることを確認した。

　さらに一歩踏み込んで検討すれば、学生がしばしば無自覚にせよ非白人文化を劣位視し、その犠牲の上に自文化 (＝白人文化) に安住してきたことを深く反省することが求められていた。とりわけ、人種をめぐる認識修正に関して、主導的論者であるスリーターは、学生の問題について、自分が「良き人々」でいたいために、人種問題に向き合うことを避けたがることを指摘した。こうして教員志望学生が容易には認識を修正しないことが問題視されながらも、その解決策として、大学・学校で行う実習等とは別に、非白人の多く住む地域で、施設見学や住民との交流などの地域実習に参加することが提案され、地域実習で非白人文化について深く理解することで、自らの人種をめぐる認識を反省・修正することがより一層強く期待されていた。

　これは、一見、的を射ているように見える。だが、とくに学生は「良き人々」でいたいがために人種をめぐる認識を修正したがらないと、学生に対して否定

第 4 章　現代アメリカ教員養成における教員志望学生への理解の転換　　91

的な理解を示したスリーターの議論に対して、その学生理解には問題があると指摘され始めている[2]。これは本研究にとって重要な論争点である。

　2010 年頃からスリーターらの論調に対して散発的に疑義が呈され始めたが、それらはジャップ（Jupp, J. C.）によって、主導的論者への批判の出現として括られ、対抗軸が明確に打ち出された。彼は学術雑誌において特集を組み、主導的論者に対する批判的論考を展開した。スリーターからも「応答（commentary）」が寄せられており注目に値する。

　前提として確認しておくべきは、批判者は学生に人種をめぐる認識修正を期待すること自体を批判するわけではなく、むしろ、その実現を重要視するからこそ、途上で断念する者を減らし、より確実に期待を実現する方策を見出すべく、主導的論者の主張について再検討していることである。

　先に確認した通り、スリーターは「白人教員志望学生は人種問題を論じたがらない」との見解を示した。ジャップらは、その見解は学生の学習可能性を否定するものであることを批判する[3]。この批判を受けてスリーターは「当然、白人教員志望学生は学習できると信じている」と応答した。だが続けて「白人教員志望学生の自覚を促すことがあまりにも困難な実態に愕然としたのである。（教員養成担当者が）白人教員志望学生のために割いた手間に比して、非白人児童生徒を支援できるようになった教員があまりにも少ない[4]」（括弧内は筆者補足）と述べ、自らの学生理解を根本的に見直そうとはしていない。この応答はジャップらの批判の最重要点を見逃している。ジャップらはスリーターが教員養成担当者側の働きかけを見直さず、もっぱら学生を否定的に理解する点こそを批判したのである。

　主導的論者の論理構成に注目したローウェンスタイン（Loweinstein, K. L.）は彼らの主張について、「学生に欠陥があるという仮定に立ち、(中略) 大学教員は、自らの講義に問題がある可能性を考えない」と指摘する[5]。スリーターは学生が「欠陥枠組」で非白人児童生徒を捉えると問題視したが、大学教員である主導的論者自身も同様に、学生を「欠陥枠組」で捉えていると言え、いわば自己矛盾を起こしているのである。

ここに、主導的論者は自身が批判対象としてきたものと同型の問題を抱えることになる。スリーターが学生の認識上の誤解として指摘した通り、人種問題は、個人的な問題ではなく歴史的・社会的な問題である。実践の目的が、学生の人種をめぐる認識修正であっても、そのための実践枠組を考える際には彼らの意識の社会的・文化的規定性に留意する必要がある。これはまさにスリーターら自身が主張してきたことである[6]。その理論的拡張を目指していたはずの議論が、同じ轍を踏んでいるのである。

　こう考えれば、教員養成担当者の学生への否定的理解が教員離れの隠れた要因になっていたとも推察される。すなわち、主導的論者は学生を否定的に理解したために、学生からすれば、人種差別という社会構造上の問題を個人帰責的に受け取らざるを得ず、過度の自己否定・批判や強い「罪悪感」にさいなまれたり[7]、その解決困難さに直面して、人種差別に向き合うことを余計に避けていたおそれがある。要するに、スリーターらの議論では、学生の認識修正を強く求めるがあまりに、彼らを責めすぎる議論となっていたのである。

　この点が主導的論者の主張の最大の問題である。だが、わが国の先行研究もこの重大な問題に気づかぬまま、紹介・検討を進めてきている。この問題を克服するためには、スリーターと異なる方向性、つまり、学生を肯定的に理解する方向性を模索することが急務となる。

　こうした課題の解決を目指そうとしたとき、ローウェンスタインが指摘する主導的論者の主張における構造上の問題が注目に値する。すなわち主導的論者は、大学教員側を「救出のヒーロー（hero to the rescue）」として、学生を「空の容器（empty receptacles）」として捉えていると指摘する[8]。先述の通り、大学教員が自らの実践の不備を顧みないことのみならず、学生の人種問題の認識を修正する過程を過度に単純化して捉えていることが比喩的に表されている。

　この指摘から考えれば、主導的論者の論調では、学生が認識修正に際して、どのようなメカニズムでいかなる抵抗感や葛藤・苦悩を抱えるのかを十分に把握しておらず、学生が認識修正で困難を抱える要因を正確に把握できていない点が問題だと見えてくる。そう考えると、学生が認識修正途上で抱える"否定

的感情"に立ち戻り、これが学生の認識修正において、どのような意味を持つものかを再検討することが必要だと考えられる。

(2) 主導的論者の期待実現に向けた教員養成上の論点

　学生の"否定的感情"を検討するにあたり、"教える"という仕事に就くという観点から、教員養成に特有の論点を挙げておきたい。

　第一に、主導的論者は、「白人性」が教員の「権力性」を大きく構成する要素と捉え、教員志望学生には「権力性」をなくすことを求めていた。すなわち、「白人性」に基づく優位性を否定できれば、教員としての「権力性」を行使することを抑止でき、それが非白人児童生徒と対等に向き合うという理想を実現すると考えている。

　だが、これは重大な欠陥を生むおそれがある。人種問題があまりにも根強く、教育においてもその解決が重要な課題となるため、教員であることと白人であることとが見分けられず、教員ならではの論点が等閑視されかねない。教員は、児童生徒に対して優位であることは避けられない。教育学の論考では政治哲学の知見を援用して、教員が児童生徒に対して不当に支配・抑圧する「権力性」とは区別して、児童生徒が自ら教員に従おうとするものとして「権威性」という概念が準備されてきた[9]。もちろん実際には両者の識別は容易ではない。たとえば、児童生徒が自発的に従っているつもりが、気づかぬうちに教員の支配力に従属しているだけの場合もあるだろう。あるいは、そもそも教室という場所自体が「社会の権力と権威が忍び込み特有の様式で作用する場所」とも言われ[10]、教員もまた、自覚的に権力性と権威性を使い分けることは容易ではない。

　だが、教員は権力性・権威性を完全に免れることは難しいからこそ、不当に児童生徒を抑圧してしまわないように、養成段階から、学生が「教員が自らの権威・権力にどのように向き合うのか」を考えることは重要課題になると言える[11]。本研究では議論を単純化するため、便宜的に、児童生徒に対して不当な支配力・抑圧性を発揮するものとして「権力性」を、児童生徒の発達を支えるために必要な優位性として「権威性」を扱うこととする。そのうえで、本章の検

討では、「白人性」と教員特有の「権威性」を識別することを意識する。

　第二に、学生への抑圧性を問題視したとき、非白人居住地域での実習の位置づけも再検討が必要となる。第1章で検討した通り、主導的論者は、非白人居住地域を善とみなし、それを学生の認識修正を強く促す触媒として位置づけていた。だが、こうした把握のまま地域実習が展開されれば、学生は過度の自己否定・自己抑圧に陥る可能性がある。一般的に、自分と異なる文化の地域に入り、一定期間過ごすことは抵抗感や不快感を伴うだろう。にもかかわらず、上記のように責められた動機づけでは、学生は積極的な心持ちで学びに向かうことは難しいと考えられる。ここに従来の議論の最大の問題があった。

　この問題に取り組むとき、裏腹の問題として、従来の議論が一貫して、非白人居住地域を善とみなすという枠組が持つ根本的限界を持つことにも着目する必要がある。たしかに、白人が非白人居住地域に対して偏見・嫌悪感を抱きやすい現状を踏まえれば、非白人文化・地域への肯定的な見方を促進する必要性は理解できる。だが、それは、本当に抑圧・被抑圧構造の解決をもたらすだろうか。たとえば、それらへの肯定的な見方を促進するのは、非白人居住地域を対等に信頼するからではなく、もっぱら保護対象として劣位視するからとも考えられる。こうして、学生への否定的理解、地域への肯定的理解という二項対立的な考え方を脱して、教員養成における地域実習の位置づけを再検討することが必要になる。

第2節　学生の"マジョリティとしての被抑圧感"への着眼

　教員養成における地域実習の導入を主導したザイクナーによれば、学生は人種をめぐる認識を修正できず反動的・反抗的な態度に至る前に、非白人文化に対する怒りなどを抱き、"感情的な危機"に陥ると表現されていた。主導的論者によれば、これは学生の努力・反省不足の帰結であった。本節では、そうした学生への否定的理解から脱却すべく、学生の怒りなどの"否定的感情"に注目し、認識修正の阻害メカニズムの解明を目指す。その際、ジャップらが主導

的論者に対する批判者として位置づけたザイドルの議論とジャップら自身による白人教員に対するライフヒストリー研究を手がかりとする。

(1) 学生の"否定的感情"の肯定的理解へ

　では、学生の認識修正における"否定的感情"とはどのようなものなのか。ここで注目に値するのはザイドルら (Seidl, B., Hancock, S.) である[12]。ザイドルらは、教員養成実践において、週に数時間、黒人地域の教会等で子どもや住民と交流するプログラムを導入・検討した。学生の成長過程について「しばしば抵抗として捉えられてきた事柄への理解のオルタナティブ」を模索することを目指し、学生を断念に追い込むことなく、彼らの認識修正の実現可能性を高めるための学生理解と支援の方向性を検討している[13]。

　ザイドルらは、考察を進めるにあたって次のような具体例を挙げている。ある教員志望学生が、黒人講師らとともにレストランに入った時のことである。そこでは、その学生以外、全員が黒人であった。学生は、「自分が唯一の白人であり、周囲が自らを特異な目で見ることに、すぐに不快感をおぼえた」という。従来、こうした不快感は差別意識に繋がりやすいとして否定的に扱われてきたが、ザイドルらは、そうではなくまさに黒人が白人に対してネガティブな印象を持つことを自覚するきっかけと捉える[14]。

　この事例をもとにザイドルらは、教員養成担当者側による学生理解の発展方向性を打ち出す。まず、学生が「自身が非白人からどう受け止められるか不安感を表明したとき、差別意識を示す発言と捉えず、人種差別の認識を変容する最初の一歩を踏み出したと考えるべき」である[15]。教員養成担当者による学生への働きかけにおいては、怒りや不快感は「通常の反応だと学生に知らせることが重要だ」という。もしこれを「欠陥や抵抗の兆候として応じると、学生は恐怖・防衛に基づき」、差別意識を強めてしまい、「変容への努力を諦めてしまう」と主張する[16]。

　このザイドルらの主張を踏まえれば、まず、学生の"否定的感情"は、他者に対する嫌悪感や不快感というよりも、白人である自分自身について、黒人か

らすれば差別主義者に見えるおそれがあることを知ったときに抱く、自身への悪い評価に対する恐怖や怒り、あるいは罪悪感であることが読み取れる。次に、教員養成担当者による学生の"否定的感情"理解と向き合い方としては、努力・反省不足の帰結として否定的に理解すべきではなく、認識修正に際して抱いて当然のものであり、認識を修正し始めた出発点だと肯定的に捉えて支援することが必要になると言える。

(2) 学生の"否定的感情"の発生要因

　学生の"否定的感情"をより正確に理解するためには、その発生要因を検討する必要がある。ザイドルらは、学生が、白人であるという理由だけで、自身が人種差別主義者だと思われてしまうとき、"否定的感情"を抱きやすいと指摘する。そのとき学生は、「個人的に攻撃されていると感じ、非白人の指摘を理解しようとする態度を持てなくなり、人種をめぐる認識を的確に捉えることができない」という。[17]

　ザイドルらの問題意識は学生が「個人的に攻撃されていると感じる」ことにある。ここで、人種問題の認識修正の目的に改めて戻れば、未来に向けて社会構造の変革をも視野に入れた教育実践を目指すことであり、学生個人の過去を責め反省させることではない。一旦、学生の立場に立って考察するならば、人種差別は歴史・社会によって構築された側面が大きく、仮に学生が差別意識を抱いたとしても、すべて本人が悪いわけではなく、偶然にも社会的優位に置かれやすい人種に生まれ、本人も悪気がなく無自覚のうちに、その権力性を帯びてしまったところもある。にもかかわらず、もし個人として強く責められたように思ってしまい過度の自責感をおぼえると、人種問題に対して自分には手に負えない感覚が膨らみ、差別意識の自覚・克服を諦めてしまうおそれがある。

　教員養成担当者は、こうした実態にどう対応できるか。この点もザイドルらの提起が注目に値する。彼らは教員養成担当者側の姿勢として、人種差別を個人的問題として捉えるのではなく、非白人の白人に対する嫌悪感や怒りが歴史的・社会的制度の文脈のなかで出てくることを理解できるように促すことが重

要だという。白人は黒人から、一個人として扱われず、白人であるというだけで、差別主義者だと偏見を持たれることに怒りや不快感を抱きやすい。だが、黒人からすると、目の前の他者が白人という属性を持つだけで、一個人として向き合う前に不信感が引き起こされるのである。その背景には、白人が歴史的・現代的にそれほどまでに黒人に不当な接し方をしてきたことがある。白人教員志望学生にはそうした実情への的確な理解を促す必要がある。そうすると、「個々人が信頼を侵害した者であるかどうかにかかわらず、白人であるだけで、その侵害の歴史の代表者として捉えられること」を理解できるようになるという[18]。

ザイドルらの提起を言い換えれば、教員養成担当者は過度の自責感と公共的責任感とを識別したうえで、前者に陥らないように気をつけながら、後者を身につけられるように促すことが提起されていると言える。すなわち、学生の過度の自責感を手当・配慮＝ケアしつつ、学生が、悪意はなくとも抑圧を再生産する社会構造に依拠していたことを自覚し、未来に向けて社会構造の変革に携わる必要性を意識できるよう支援する必要があると言える。

(3) 学生の"否定的感情"理解の深化

以上のように理解を転換し、改めてジャップらに立ち戻れば、学生の"否定的感情"をより深く捉えることができる。"否定的感情"は、単なる他者への嫌悪感・不快感とはいえ、その発生には自意識が深く関連しており、人間の本質に根差す部分がある。そのことを深く捉えれば、さらに養成制度における支援の方向性が明瞭になってくる。

ジャップらは白人教員の語りを丁寧に分析し、「白人性」をめぐる複層的な捉え方を描出する。白人自身のなかにも、社会的に作られた「白人性」に"違和感"や"窮屈さ"をおぼえる者もいるという[19]。たとえば、白人の間で共有される規範から外れると、周りの人間と比べて劣っていると捉えられる傾向にあり、その文化に「馴染めなかった」者もいる[20]。このように、白人教員志望学生は、自意識における「白人性」を必ずしも好意的に捉えているとは限らず、自らの自己・実存に関わる矛盾を抱える場合もある。あるいは、たしかに白人は学校

や家庭で「白人性」を獲得することで、自身の社会的位置を確保・安定させてきた側面もある。だが、その否定は、従来の自己の社会的・実存的基盤が揺るがされることを意味し、人間の抱える"弱さ"や"おそれ"と向き合うことを余儀なくされるとも言われる。

　第３章でも言及したが、米国の著名な哲学者の一人であるヌスバウム(Nussbaum, M. C.)によれば、人種差別は、「自らの脆弱性やそれに対する嫌悪感を（自らより社会的に下位な）他者に投影する」行為であった[21]（括弧内は筆者）。こうした指摘に則るならば、先述の"否定的感情"理解を深められる。白人教員志望学生は、それを抱くとき他者より"強く"ありたいのではない。その裏では、もっと重要で困難な課題として自らの"弱さ"や"おそれ"に向き合わざるを得ない局面にさらされていると言える。

　教員養成の本質に照らせば、自らの"弱さ"や"おそれ"に向き合う経験は重要とも考えられる。なぜなら、児童生徒の発達を支える際にも、自分の"弱さ"や"おそれ"を直視し向き合えるよう促すことが重要と考えられるからである。だとすれば、学生は教員養成担当者の期待に簡単に応じられるよりも、"否定的感情"を抱えながらもその緩和・克服を経験することは有意義である。ここに、白人教員志望学生が、自らの"弱さ"や"おそれ"を緩和できるように支援することが重要になると指摘できる。

　以上の検討から、学生の"否定的感情"を総じて捉えるならば、学生が学校・社会における優位者であるがために直面する"マジョリティとしての被抑圧感"と言うべきものとなる。それは、単なる少数者に対する迫害・抑圧として理解するだけでは十分ではなく、自らの社会的優位性や自らの内にある"弱さ"との向き合いが求められるものである。米国教員養成では、このように学生理解が深められ、学生の"マジョリティとしての被抑圧感"の緩和をどう支援するかが重要な検討課題とされ始めているのである。

(4) 学生の"否定的感情"に対する理解の転換の要点

　以上から、学生の"否定的感情"に対する従来と近年における理解や介入の

課題	学生は人種問題への向き合いを避ける	
解決策	学生が非白人居住地域に長期間、参入する	
困難	学生が地域で"否定的感情"を抱く 例）地域に対する嫌悪感、地域での疎外感	

	従来	近年
教員養成担当者による困難への理解	認識修正の**失敗** →"否定的感情"の否定的理解 ＝学生の保身、努力・反省不足として理解	認識修正の**出発点** →"否定的感情"の肯定的理解の試み ＝"マジョリティとしての被抑圧感"として理解 基底には「差別主義者と見られることへの怖さ」や「自らの"弱さ"や"おそれ"」がある
介入	強く反省を迫る	"否定的感情"の緩和を支援する
帰結	反動・反抗や断念も生じる	認識修正の可能性を高める

図4-1　教員志望学生の"否定的感情"に対する従来と近年の対応の比較

仕方を比較すると、図4-1のように表わすことができる。本節(1)〜(3)の検討を踏まえて、近年の教員養成担当者による学生の人種をめぐる認識に対する理解の仕方と、緩和支援の要点を整理すると、以下のようになる。

　第一に、学生の人種をめぐる認識修正において、"否定的感情"がどのような位置づけにあるのかを見ると、主導的論者は、学生の努力・反省不足による認識修正の失敗として捉えていたが、そうではなく、認識修正を始めた"出発点"と捉えられることを明らかにした。主導的論者の論調では、教員養成担当者が"否定的感情"を抱いたことを否定し、強く反省を要求するのみであったために、学生はその処理の仕方が分からず、反動・反抗や断念に追い込まれていたと考えられる。そうではなく、学生が"否定的感情"を緩和できるように支援すれば、人種をめぐる認識を修正できる可能性が高まることが見えてきた。

　第二に、"否定的感情"の緩和支援の要点を見出すべく、その発生要因を考察した結果、学生が社会的優位者＝マジョリティであるがゆえに複層的な被抑圧感を抱いていた。本研究では、それを"マジョリティとしての被抑圧感"と概念化した。その内実としては、非白人居住地域という他者に対する疎外感や嫌悪感だけではなく、白人であるという理由で差別主義者だとみられることへの抵抗感や怒り、罪悪感など、自身への評価をめぐるものが挙げられた。さら

に一歩深めると、人種差別の根底には自己の存在をめぐる"弱さ"や"おそれ"があることも見えてきた。すなわち、自分自身の"弱さ"や"おそれ"を緩和することで初めて、非白人という他者への"否定的感情"が緩和されることが示唆された。

第三に、教員養成担当者による学生の"否定的感情"の緩和支援にあたっては、決して学生が人種問題をめぐって個人的気質を責められたと思わないように工夫することが重要になることを明らかにした。とりわけ、過度の自責感を引き起こさないように注意し、公共的責任感として向き合うことを探究し始められるように支援することが必要だと提起されていた。これは、教職が公共的な性質を持つ面に照らしても示唆的だと考える。第二の指摘と合わせて考えると、教職としての公共的責任感を培うためにこそ、その前提として、一見「私的」に見える自己をめぐる"弱さ"や"おそれ"と向き合うことを意識的に促すことが重要になることを指摘できる。

こうした見解のもと、教員養成担当者は、学生の"マジョリティとしての被抑圧感"の緩和をどう支援することができるのか、支援の要件を解明していくことが必要になる。前項(3)で取り上げたジャップらは、非白人居住地域での実習ではなく、自己の生育歴の省察を提言する。だが、この提起では、第1節(2)で指摘した通り、主導的論者のように「白人性」と教員特有の「権威性」の不識別に気づかずに、その批判・転換を図っているため、重大な欠陥を抱えてしまう。すなわち、教えの学である教育学・教師教育学という観点が抜け落ちたのである。そのため、上記提案では単に「自己」と向き合うのみになり、教員として非白人児童生徒にいかに向き合うかという点が見逃されている。

こうした問題を乗り越え、いかに理論的・実践的な発展を見通せるか。本章では改めて、以下の着眼点と次なる検討課題を設定する。まず、学生がいかに"マジョリティとしての被抑圧感"を緩和できるかに着眼する。その際、非白人児童生徒という他者に抱く面ではなく、学生が自分自身の"弱さ"・"おそれ"に向き合う面を扱う。同時に、改めて地域実習の位置と意義をどう考えることができるのか、学生は、いかなる過程で、どのような形態で、非白人児童生徒

に"教える"ことができるようになるのか、これらを次の検討課題とする。

第3節　学生への肯定的理解に基づく支援の方向性の検討

　前節では、"マジョリティとしての被抑圧感"の内容と発生要因を解明した。本節では、地域実習において教員養成担当者が、学生による"マジョリティとしての被抑圧感"の緩和をどう支援することができるのか、地域実習における学生の学習過程を丁寧に検証したファンズワース (Farnsworth, V.) の論考を対象に検討する。

(1)　"マジョリティとしての被抑圧感"の意義再考：「白人性」や「不公正」への気づき

　ファンズワースは、米国の複数のレビューで、学生のアイデンティティに着眼して実習の効果を検証した事例調査として注目されている[22]。本研究の"否定的感情"への着眼に照らせば、教員養成の理論的発展にも資する高い潜在力を有するようにも思われるが、その真価は十分に理解されていない。本節では、彼女の論考を素材として、教員養成の拡張・発展の方向性の解明を目指す。

　彼女は学生の成長過程を丹念に描き出すことを目指し、白人教員志望学生へのインタビュー調査を実施した。「学生には学習能力がない、良い意図がないと捉えたくなかった。社会正義を志向するという理念を教員としての自己形成に編み上げるのは複雑な過程である。その過程を描き出」そうとしたという[23]。調査対象者は、教職専門開発学校 (Professional Development School : PDS) の小学校教員養成プログラムに通う学生である。PDSではあるが、学校での教育実習のみならず、地域行事等への参加など非白人居住地域での実習が重んじられている。各実習は理論的省察とセットで実施される。同校の理念も「社会正義」と表現されるが、その内実としては、人種をめぐる認識修正を目指すものである。

　前節までに述べた主導的論者の限界に照らせば、ファンズワースの論考には次の二点の特徴が浮かぶ。第一に、研究の前提として、主導的論者のように学

生を無力と捉える見方を排して、学生の困難や発達課題を肯定的に捉え、養成実践のあり方を検討しようとしている点である。第二に、主導的論者やジャップらの論考に見られたような「白人性」と「権威性」という視点の混同に陥らないよう、分析視点を識別する点である。すなわち、一つ目に非白人児童生徒に抱いた感情・認識、二つ目に教員像の持ち方を据えて分析している[24]。

彼女は、学生の成長過程を類型化し、三名を典型例として取り上げる。便宜上A氏（男性）、B氏（女性）、C氏（女性）としたとき、C氏のみが人種をめぐる認識修正を果たしており、A氏とB氏はそうではないと考察した。ここではA氏の語りと、それへのファンズワースの考察に注目し、"マジョリティとしての被抑圧感"を緩和することが、とくに教員養成において人種をめぐる認識を修正する際にどう重要なのかを検討する。

A氏はヒスパニックの住民が多い地域での土曜学校での実習を挙げて語った。彼は、同地域の母語であるスペイン語を話すことができ、地域参入への抵抗感はなかった。「僕は、あなたが英語話者だから英語で会話をする。それと同じで、子どもたちがスペイン語を話すときには、僕はスペイン語を用いる。ただそれだけのことである」と述べ（p.1484）、地域のニーズに寄り添い、それに応じて自分の立ち位置を変えるという自己認識を示す。そのうえで教師としてではなく「一人の人間として」地域の人々と関わったと言い（p.1486）、教員として特別な立ち位置を得ることを避け、自己認識としては「権力性」を持たず非白人児童生徒と対等に向き合う教員像を形成した。

主導的論者の主張に照らせば、A氏の言説は、養成実践の成功例とされるであろう。というのも異文化に対して"否定的感情"を抱かず、自分を優位に置かず、非白人児童生徒に対等に寄り添うという認識を示しているからである。

しかしファンズワースは、A氏の言説は、人種ゆえの社会的優位性を直視せず覆い隠していると批判する。言うまでもなく、母語が公用語でないことは、単に使う言葉が違うのみならず、学校や社会で英語話者より生活上の負担が大きく、さらに英語話者からの偏見・蔑視などの精神的負担もかかる。にもかかわらず、A氏はそのような社会の不公正に目を向けなかったと指摘する。

この考察を踏まえれば、A氏は彼自身の認識とは異なり、「権力性」を保持してしまっていると言える。ここに、「白人性」と区別して教員特有の「権威性」を視野に入れる必要性を指摘できる。第1章で示したザイクナーの主張を改めて振り返れば、白人教員が「白人性」を土台として教員特有の「権力性」を発現させることを問題視し、学生が養成段階で「白人性」を自覚・修正すれば、すなわち教員としての「権力性」を排し、非白人児童生徒と対等に向き合う教員になれると考え、それを理想的な成長と捉えていた。

　だが、その理想の掲げ方には問題があると考えられる。なぜならA氏は、学生とはいえ、児童生徒よりも優位にあり「権力性」を保つことができたがゆえに、パターナリスティックな善意を覆い隠すことができたとも考えられるからである。教員は児童生徒に対して「権力性」を帯びやすいからこそ、自らの優位性をめぐる難しさに、一度は向き合う必要があるのではないか。そうであれば、学生は"マジョリティとしての被抑圧感"を持つことを辞さず、それと丁寧に向き合い、自身の認識や自己の"弱さ"と深く向き合うことが求められるとも言える。このような仮説をもとに、次節以降の検討を進める。

(2) "マジョリティとしての被抑圧感"の緩和における重要点

　では学生は"マジョリティとしての被抑圧感"をどう緩和し、人種をめぐる認識を修正し、教員として適切に非白人児童生徒に向き合えるようになるのか。残るB氏・C氏の語り分析を手がかりとして考察する。

　B氏は、黒人地域の日曜礼拝に参加したとき、地域住民から歓迎されたにもかかわらず、「居心地が悪い (awkward)」という"マジョリティとしての被抑圧感"を抱き続けた。一方、教育実習では「気が進まないけれど、(白人中心主義で非白人児童生徒には不利益な) 学校や行政の規則に従った」など (p.1484)、学校文化における「白人性」に迷いも生じていた。

　だがB氏は教員像形成にあたり、既存の授業やカリキュラムに追従し、それ自体は変えることなく、そこに非白人児童生徒をいかに巻き込むかしか考えなかった。

ファンズワースは、B氏について「教員にとって特別な境界線と立場を与える」教員像を確立し、既存の学校文化における「白人性」に迷いを生じつつも十分に向き合うことができず「社会正義を志向できなかった」と分析している。言い換えれば、人種をめぐる認識修正には至らず、「権力性」を帯びた教員像を形成したということになる。

　これに対してC氏は興味深い展開を見せる。彼女の事例について、"マジョリティとしての被抑圧感"への向き合い方という着眼点からB氏の事例と比較検討することで、主導的論者の主張の理論的発展の条件を解明したい。

　C氏は非白人児童の家庭訪問を例に、B氏と同様、非白人居住地域に対して不快感という"マジョリティとしての被抑圧感"を抱いたという。だが、両者には決定的な違いがある。それは、B氏は違和感を抱きながらもそれを感じる自分自身にまで立ち返って考えなかったのに対し、C氏はその"マジョリティとしての被抑圧感"を言語化することを通じて、地域での自身の立ち位置の再定位を図ったとされる点である。その過程では「地域のなかに自らを認識することが、自分にとって重荷にならないようにもがいた」という (p.1488)。そのうえで、自分のみが異文化理解に努めるのではなく、自身も地域に承認される、相互承認関係の構築を目指したとされる。

　さらにC氏は教員像について、「自分は異文化を完全に理解しきることはできない」と (p.1486)、「自身の不完全性を認めながらも、対話的に児童生徒に向き合い続ける」教員像を形成したという (p.1488)。ファンズワースは、この持続的対話の姿勢こそ「社会正義志向型」教員にふさわしいと評価しており、人種をめぐる認識を修正できた例だとする。

　C氏の成長過程を踏まえて、改めて"マジョリティとしての被抑圧感"の緩和を経たとき、学生の人種をめぐる認識修正をどう捉え直すことができるかを明らかにする。

　第一に、認識修正過程について、C氏の語りの特徴を改めて確認すれば、自身の"マジョリティとしての被抑圧感"を言語化し、その裏にある自身の"被承認欲求"を自覚・受容し、過度の自己否定・自己犠牲に陥らずに、自他とも

に承認される関係を目指していた。主導的論者の想定のように「白人性」を自責・修正した後に他者との関係を構築するのではなく、自身の"弱さ"を他者からケアされる局面を作りながら自分も他者をケアする、いわば相互ケアの関係を模索したと考えられる。

　第二に、"不完全性"を鍵概念として、主導的論者の掲げた理想の教員像をも発展することができる。C氏の教員像は、自身が正解を占有し、児童生徒にそれへの接近を強要するものでもなく、安易に地域貢献を掲げるものでもない。非白人児童生徒の「被抑圧性」を完全に理解することは難しいと認めていた。主導的論者のように、非白人への完全な理解・寄り添いを理念的に目指すのではなく、C氏は自身の"不完全性"を良い意味で認めたからこそ、非白人児童生徒への「敬意」を持つことができ、人種問題に適切に向き合う教員像を形成できたと評価しうる。

(3) "マジョリティとしての被抑圧感"緩和の意義：教員の「権威性」の研磨へ

　このようにC氏の事例には一定の意義を確認できるが、重大な疑問が残る。本章では、「白人性」と教員特有の「権威性」の識別を意識してきた。たしかに上記提起は示唆的だが、教育実践においては、自他の"弱さ"を相互ケアすることから一歩踏み出して、他者の"弱さ"をエンパワーする他者貢献的な"強さ"を身につける必要がある。学生はこの飛躍をどう実現しうるか、教員養成担当者はそれをどう支援しうるか。この重大な問題は未だ疑問に付されたままである。また、先のC氏の教員像では、教員の「権威性」をどう位置づけうるのか。最後にこの点について考察を深めていく。

　ここで再検討すべきなのがB氏の「失敗」例である。B氏の"マジョリティとしての被抑圧感"の向き合い方に着眼し、「失敗」のメカニズムを再検討すれば、上記疑問への新たな提起が可能であり、それは人種問題の解決を目指す教員養成の理念発展の重要な鍵となる。これは、昨今B氏のように、自身の感情に向き合えず「権力的」にふるまってしまう教員が少なくない実情に対して

も[25]、現実的な課題対応策の検討につながると言える。

　先述の通り、B氏はC氏とは違い、自分の"マジョリティとしての被抑圧感"を言語化して受容できず、「白人性」と親和的な「権力性」を行使した。このことの意味をさらに深めると次のように言える。B氏は、異文化の地で、自身の立ち位置・存在意義を見出せなかった。だが、まったく不安定な存在のままでは、教員として児童生徒の眼前に立ち現れることは難しい[26]。だからこそB氏は、自身の存在不安を覆い隠すために、学校が教えてきた既存の価値観に追従したのではないか。この事例はかつて佐藤学が指摘したように、「教師は、教室に権力的存在として君臨しその権力を強化するとき、教育主体としての無力と虚ろさを体験し、逆に、教師の権力を放棄し自己を無力化することを通して、実践主体として教育の力がよみがえる充実を体感」[27]した例とも言えるかもしれない。いわば、教員の「権力性」を自らにまとわせ、既存の「教員」の枠組に自分を当てはめることで、社会的位置、ひいては尊厳を取り戻すことが可能になったと考えられる。

　このように検討すれば、B氏が「白人性」と十分に向き合えなかったのは、教員が一定の優位性を必要とするからこそだと考えられる。"教員として"の実存を保つためには、優位性をすべて否定するのではなく、教員養成において、「権力性」と区別して良質な「権威性」を探究する姿勢を持てるようにすることが重要なのではないか。

　にもかかわらず主導的論者のように、教員としての「権力性」を解体して非白人児童生徒と向き合うことを理想とすれば、B氏とは異なる形で教員の教育活動を阻害する懸念もある。たとえば、自身の非白人児童生徒に対する「抑圧性」を気にするあまり、彼らに対して同情的な態度を取り、必要な場面であっても適切な叱責等を行えなくするおそれがある。

　ここで先のC氏の事例に戻れば、"不完全性"を認めて児童生徒に"対話し続ける"際にも、教員として不可欠な「権威性」がなければ単なる相互ケアの関係に陥り、教員として適切に児童生徒の発達への助成的介入をすることができないおそれがある。

ここに、教員の「権威性」を解体するのではなく、良質な「権威性」を持つ必要性が見えてくる。この点について今後注目すべき見解を示すのが、ジョージアサザン大学のジルピンら (Gilpin, L. S.) である。[28]

先述の通り、従来、教員の「権力性」は、児童生徒を「抑圧」するとされ、その解体が目指されてきた。だがジルピンらは、児童生徒への「抑圧」の完全な払拭は難しいとし、発達の万全な保障のためには、たとえば児童生徒の刹那的要求や利己的反発等に対して毅然と制止する「権威性」が必要になるという。

ジルピンらに依拠すれば、新たな教員像での「権威性 (authority)」は、児童生徒の人格支配ではなく、彼らの発達を生成するもの (authority の原義) という理念を持ち、他方、「権威性」の行使では不当な抑圧も生じうるため、省察等で絶えず吟味されるべきという特徴も見出せる。

これらの考察を踏まえれば、教員養成における学生の人種をめぐる認識修正では、自己保身的・他者抑圧的な"強さ"の一辺倒な否定・反省促進ではなく、非白人児童生徒の人格や尊厳を不当に抑圧する「権力性」と識別したうえで、教職に不可欠な「権威性」の在り方を考えることと合わせて支援することが必要であると言うことができる。学生は、いわば自己保身的な側面も自認しつつ、それを不当な「抑圧」へと転化せず、児童生徒の発達に資する形での「権威性」として発現できるように省察し続けることこそが重要になるのである。

第4節　小　括

本章では米国教員養成の主導的論者に対して、批判的論考が展開している実態に注目し、学生の"否定的感情"への理解の転換とそれを基盤とした支援の発展方向性について検討してきた。その結果、以下三点が明らかになった。

第一に、主導的論者の主張には論理構成上の問題として、学生は自分が良い人でいたいがために人種をめぐる認識を変えたがらないと、学生を否定的に理解しており、教員養成担当者側の働きかけの不備を顧みられない点が挙げられた。そのために学生が認識修正において、どのような"否定的感情"をなぜ抱

えるかを的確に把握できていないことを指摘した。

　第二に、その問題を解決すべく、学生が抱く"否定的感情"を丁寧に検討したところ、それは社会的優位にある者が不公正の問題に向き合うときに抱かざるを得ない"マジョリティとしての被抑圧感"として捉えられることが明らかになった。学生の人種をめぐる認識を修正するには、教員養成担当者は学生の"マジョリティとしての被抑圧感"を努力・反省不足の帰結として捉えず、認識修正が始まった出発点として捉えることが重要になることを明らかにした。教員養成担当者がその緩和を支援する際には、学生の個人的気質を責めないことを強く意識したうえで、社会的・歴史的課題として人種問題を理解し、その解決方途を考えられるように促すこと、自己をめぐる根源的な"弱さ"や"おそれ"と向き合うことを支援することが必要になることを解明した。

　第三に、学生が教員になることを視野に入れれば、教員は児童生徒に優位にあることを避けられないため、もっぱら「権力性」を否定する側面に焦点を当てるのではなく、「権威性」を帯びざるを得ない側面をも視野に入れて議論と実践を展開することが必要になることを明らかにした。学生が自らの"不完全性"を自認し、自らの「権力性」や「権威性」が揺るがされることへの不安を自覚し和らげながら、非白人児童生徒の発達への責任を負うことを認識できるように支援することが重要になることを提起した。

　以上が米国教員養成の議論の現代的到達点として明らかになったことであり、これが本研究独自の発見の一つである。

　本章で取り上げた実践は養成段階であるため、未だ学生は教員としての社会的・制度的地位を獲得していない。ゆえにこそ、たとえば公権力のつくる制度的枠組のなかで動く教員が持たざるを得ないような「権力性」を当然視せず、批判的・相対的に検討することができると考えられる。改めて振り返れば、肝心の「権力性」が揺らぐ局面でこそ"マジョリティとしての被抑圧感"は増幅しがちで、認識修正を断念したり、「権力性」に依拠することに戻ったりしてしまうおそれがある。そう考えれば、"マジョリティとしての被抑圧感"を緩和する局面こそが、人種をめぐる認識を修正し、かつ教員としての「権力性」

を脱却し良質な「権威性」を探究する姿勢を培う最重要局面だということができる。この点は教員養成の新たな可能性を示唆しており、非常に有意義である。

とはいえ、養成段階で教員の「権力性」を相対化できたとしても、実際に入職し制度的枠組に則って働かざるを得ないとき、「権力性」と適切に向き合い続けることができるとは限らない。教員の生涯発達という観点を重視しながら入職後まで視野に入れて、現代若者を支える教員養成・支援の議論と実践について、より確かな見通しを持っていくことが重要な課題だと言える。

註
1) 主導的論者と同様に、本章が対象とする論者も白人である。
2) Jupp, J. C., et al., "Second-Wave White Teacher Identity Studies", *International Journal of Qualitative Studies in Education*, Vol.29, No.8, 2016, pp.985-988.
3) Ibid.
4) Sleeter, C., "Commentary: Wrestling with Problematics of Whiteness in Teacher Education", *International Journal of Qualitative Studies in Education*, Vol.29, No.8, 2016, p.1065.
5) Lowenstein, K. L., "The Work of Multicultural Teacher Education Reconceptualizing White Teacher Candidates as Learners", *Review of Educational Research*, Vol.79, No.1, 2009, p.180.
6) 中村雅子「多文化教育と『差異の政治』」『教育学研究』第64巻、第3号、1997年、281-289頁。
7) スティール, S.、藤永康政訳『白い罪』径書房、2011年（原著2006年）。
8) Lowenstein, op.cit., pp.178-181.
9) 佐藤学「教室という政治空間」森田尚人・藤田英典・黒崎勲・片桐芳雄・佐藤学編『教育学年報3　教育のなかの政治』世織書房、1994年、18頁。竹内常一・高橋俊之・菅間正道・池野眞・松山尚寿・上條隆志「座談会　教育における新自由主義とどう対峙するか」全国高校生活指導研究協議会編『高校生活指導』1997年秋号、32頁。
10) 佐藤学、同上、4頁。
11) 前原裕樹・山田康彦・森脇健夫「教職課程において、教師の権威・権力をどのように教えるのか」『愛知大学教職課程研究年報』第4号、2014年、49-62頁。
12) Seidl, B., Hancock, S., "Acquiring Double Images: White Preservice Teachers Locating Themselves in a Raced World", *Harvard Educational Review*, Vol.81, No.4, 2011, pp.687-709.
13) Ibid., p.690.

14) Ibid., pp.699-700.
15) Ibid., p.699.
16) Ibid., p.699.
17) Ibid., p.698.
18) Ibid., p.704.
19) Jupp, J. C., Slattery, G. P. Jr., "Committed White Male Teachers and Identifications", *Curriculum Inquiry*, Vol. 40, No. 3, 2010, pp. 454-474.
20) Ibid., p.464.
21) Lensmire, T. J., Snaza, N., "What Teacher Education Can Learn from Blackface Minstrelsy", *Educational Researcher*, Vol.39, No.5, 2016, p.421. ヌスバウム、M. C.、小沢自然・小野正嗣訳『経済成長がすべてか？』岩波書店、2013年（原著2010年）、52頁。なお、本研究では、" "をつけて"おそれ"と記している。その理由は、対ヒト・モノ・コトに抱く恐れとは区別して、自らの中に潜む根源的・生来的な"おそれ"を指すことを意図しているからである。
22) Boylan, M. et al., "Teacher Education for Social Justice", *Teaching and Teacher Education*, Vol.46, 2015, p.65,69. Mills, C. et al., "Social Justice and Teacher Education", *Journal of Teacher Education*, Vol.67, No.4. 2016, pp.271-272. など。
23) ファンズワース氏へのインタビュー調査より。

対象者	所属	実施日時	場所
ヴァレリー・ファンズワース (Valerie Farnsworth) 氏	リーズ医療大学　講師	2018/07/05 12:30-13:30	同氏の研究室

24) Farnsworth, V., "Conceptualizing Identity, Learning and Social Justice in Community-Based Learning", *Teaching and Teacher Education*, Vol.26, No.7, 2010, pp.1481-1489.
25) 青砥恭「高校教育の現状と求められる教師像」『日本教師教育学会年報』第10号、2001年、163頁。
26) 浜田博文・安藤知子・山下晃一・加藤崇英・大野裕己・髙谷哲也・照屋翔大・朝倉雅史・髙野貴大「新たな学校ガバナンスにおける『教育の専門性』の再定位（2）」筑波大学人間系教育学域『筑波大学教育学系論集』第43巻、第2号、2019年、14-18頁。
27) 佐藤学、前掲、12頁。
28) Gilpin, L. S., Liston, D., "Guardian of the Status Quo or Agent of Change?", Jenlick, P. M. (ed.), *Teacher Identity and the Struggle for Recognition*, Rowman & Littlefield, Maryland, 2014, pp.15-26.

第5章
入職後の若手教員支援制度の創設
──ニューヨーク市サウスブロンクスにおける保護者組織の試み──

　前章まででは、現代米国教員養成の議論と実践において、教員志望学生に対する理解が否定的なものから肯定的なものへと変えられてきたこと、そこでは、学生が人種をめぐる認識修正に際して、"マジョリティとしての被抑圧感"を抱きがちであり、それは否定されるべきものではなく、むしろ、それを緩和することが人種をめぐる認識修正においては重要になることを明らかにした。それはとくに教員養成においては、教員の優位性をすべて否定するのではなく、「権力性」と識別したうえで、学生が良質な「権威性」の在り方を考えることにつなげることが重要であることを指摘した。
　しかしながら、前章の終わりで述べたように、養成段階で上記が実現できたとしても、入職後も同じように教職への意欲を維持できるのか、望ましくない形で教員の「権力性」を帯びてしまわないのかという新たな課題が生じる。本章では、こうした課題に向き合うべく、入職直後に視点を移して検討を進める。具体的には、萌芽的実践として、ニューヨーク市で保護者組織が主導して若手教員支援制度を導入した事例を取り上げる。序章で述べた通り、教員の「権力性」の行使を抑止するには、教員側のみならず、保護者など社会側の教員への期待をも変化させることが重要だと考えられる。本章では、保護者側に焦点を当て、若手教員への理解をどのように転換し、彼らをどう支援したのかを検討し、若手教員支援の議論と実践の今後の展開方向性を見出す。

第1節　対象とする地域の実態

　本章では、2000年代初期にニューヨーク市サウスブロンクスで、保護者が若手教員支援制度を創設した事例を取り上げる。当該地域の保護者は、当初、教員に対して不信感を持ち対抗的姿勢を示しており、関係を築きづらい状況にあった。しかし、コミュニティ組織の活動を通して若手教員に対する理解を変えて、次第に歩み寄り、若手教員を支援する制度の導入を促すことになった。

　こうした保護者による若手教員への理解の転換について、本章では、学校参加の議論に着目して検討を行う。保護者の学校参加は教育学において重要なテーマであり、子どもの生活実態を最も身近で知りうる保護者が、潜在的対立関係を懸念される教育専門家とも双方互いに理解するように努めることによって、子どもの最善の利益を追求しうる場を創出することが目指されてきた。同議論に則り考察することで、保護者がどのように若手教員への理解を変えたのかを明らかにしたい。

　保護者の学校参加の実現における基軸概念と目されてきたのは「公共性」である。シカゴの学校評議会におけるミクロポリティクスを分析した山下晃一は、社会的劣位に置かれ、かつ教育の素人である保護者を排除せず、社会的多様性を保持した意思決定を重視するが、それを可能にしたのは、構成員の「公共的スキル」だとする。[1] 教員・保護者をはじめとして様々な立場の者が集まる場では、異質な他者の有する価値観との差異を認め合い理性的に話し合える「公共性」が志向されるべきだろう。

　だが、「公共性」の実現は容易ではない。たとえば、わが国の学校運営協議会において、生活を規定している育児・家事の負担の有無や社会的序列関係がそのまま意思決定における力学関係に反映されることが指摘されてきた。[2] この実態を踏まえたとき、学校参加の公共性の議論の方向性は二つに分かれる。一つ目は、意思決定が行われる場には、生活を基盤とする私事性は一切反映させず公共性の成立を徹底的に保障することを目指すものである。これは、学校参加における公共性が子どもの生活と深く関わりうることを踏まえれば、適切で

はないと考えられる。そこで二つ目に、私事性をいかにして公共性に汲み上げうるのかという議論が必要になる。この議論の代表格は、堀尾輝久による「私事の組織化」論である。それは「教員とともに父母に教育を自己のものとする意識が成長し自分たちのものへと発展し変化する過程」の必要性を提起する[3]。しかし、その具体的な形態・内容といった実現方法までは言及されていない[4]。その後の学校参加の議論においても、私事性をいかに公共性に接続しうるのか、実態に即したメカニズムの解明は管見の限りなされていない。

　とくに、人種・性別・経済的要因など何らかの理由によって、社会のなかで劣位に置かれてきた保護者が「公共的」な場に参加することは困難であることが予想され、具体的には次の点を考慮する必要がある。第一に、本人の困窮への配慮である。社会的劣位におかれる保護者は、しばしば貧困問題に直面しており、日々の生活に困窮している者も少なくない。そのような自己の困窮状況を差し置いて、他者のことを考慮・配慮することは難しい。第二に、個々人の生活に根ざした感情を適切に考慮することである。個人帰責的な風潮のなか、自己否定感や無力感を過度に感じている者が適切に理性を行使しうるだろうか。不適切な理性の強調は、否定的感情をさらに深刻化することも懸念される。そもそも子どもにとっての最善の利益を考える場において、日々の生活に根ざした感情を表出できない理性的な討議に終始していては、理想的な意思決定への接近に限界が生じるように思われる。討議が多少混乱するとしても、感情を拾い上げる契機を視野に入れる必要がある。第三に、上記と密接に関わるが、より普遍的な発想上の問題として、人々の認識における正義の問題を指摘できる。社会的序列関係は周囲の人間の認識によって作り出されるところが少なからずある。一般的には理性的と思われている価値判断にさえ不公正性が潜んでいることも想定する必要がある。

　これらを踏まえたとき注目に値するのが、公共性の議論の際には引用されることの多い齋藤純一の議論である。公共的な場においてマジョリティに対抗し得る価値観というのは、ときに社会的劣位に置かれてきた人々が「否定的経験を共有し、感情で緩やかに結びつきうる親密圏」において生成されるのではな

いかと提起するからである。社会的劣位に置かれてきた者が何の媒介もなく「理性的に異質な他者を受け入れる公共性」に参入することの難しさを指摘して、参入の前段階として「私的であることをまもられる空間」を形成する必要性を提唱している[5]。

　そこで、本章では、とくに社会的劣位におかれる保護者の学校参加を想定したとき、「学校参加における公共性の実現には『親密圏』の形成を必要とする」という仮説を立て、それを実証することを目指す。ここでの検討対象は、2000年代にニューヨーク市の貧困学区において保護者の学校参加を促進したコミュニティ組織「The Community Collaborative to Improve District 9 Schools：CC9」である。同組織は、社会的劣位に置かれてきた保護者の力を高めて、行政に働きかけ、若手教員支援職としてリード教員（Lead Teacher）の設置に成功し、一定の教育改善を導いたとされる。コミュニティ組織のなかで、教育内容を改善しうるような取り組みに成功したのは、CC9が初めてであったとされる[6]。検討の際には、CC9の運動過程を詳細に分析したファブリカント（Fabricant, M.）の議論を手がかりとする。というのも、どのような過程で保護者が若手教員を支援するという発想に至ったのか、その過程の具体的な様相を緻密に描いているからである。

　分析にあたっては、ファブリカントの論考に加え、米国研究論文やインタビュー調査の結果を用いる[7]。分析手順としては次の通りである。第一に、分析の前提としてCC9が若手教員支援制度を導入するに至った経緯を概括する。第二に、上記仮説に則り、「親密圏」と「公共性」概念を用いながら、保護者が若手教員への理解を変え、支援に至った経緯を分析する。第三に、導入された若手教員支援制度の特質を明らかにし、保護者による若手教員支援制度の導入の成立要件や意義を検討する。

第2節　若手教員支援制度の創設背景

(1) CC9の一連の動向

　本節では、基本的情報をおさえるべく、CC9の成立背景や同組織が設立した若手教員支援制度の概要を概括的に述べる。

　CC9は2001年に6つのコミュニティ組織が加盟する協働組織体の形で結成された[8]。CC9加盟以前、各々のコミュニティ組織は、住宅環境や教育環境の改善など、個々に特定の目的を掲げて地域改善に取り組んできていた。

　CC9が結成された学区は、米国都市部の貧困地域のなかでも最貧困学区である。98％が黒人やヒスパニックであり、英語が母語ではない者が多く、なかには英語を自由に使いこなせない者もいる。薬物売買が日常茶飯事に行われ、銃犯罪が頻発する地域である。このような劣悪な生活環境にもかかわらず、行政は適切な改善措置を実施してこなかった。

　もとより、その状況を問題視し、1970年代から地域住民を中心としたコミュニティ組織が生活環境の改善に取り組んできた[9]。その結果、犯罪率は低減し、一定の成果が挙げられてきた。しかし、さらなる改善には教育改善が必須と捉えられ、CC9は結成されたのである。CC9結成を先導したのは、住宅環境の改善に取り組んでいたNew Settlement Apartments (NSA)の下部組織として1990年に設立されたParent Action Committee (PAC)である。その後のCC9の組織展開の概略は**表5-1**で示す通りである。

　CC9の運動で注目に値するのは、2004年のリード教員プログラムの導入である。同プログラムでは以下に記述するような教育効果が認められ、CC9自体も高評価を受け、運動対象地域を拡大していった。2005年にブロンクス区全域を対象にした組織The Community Collaborative to Improve Bronx Schools (CCB)へ、2006年には市全域を対象とした運動Coalition for Educational Justice (CEJ)へと拡大・発展している。

　リード教員とは、当該学区に多く配置されている経験値の少ない教員を支援するために作られたベテラン教員用の職階である。これには同市内の他地域か

ら優秀な教員を引き抜くという資源配分是正の目的も含まれていた。リード教員は、一日の半分は自クラスで授業を行うが、残りの時間は担当する若手教員の授業を参観し指導を行う。導入後二年間はCC9がリード教員の採用・研修を担った[10]。そのため、リード教員は保護者と関わることが多く、結果として自

表5-1　CC9を中心とした第9学区の動向に関する年表

年月	CC9の動き	行政の動向	学校の状況
1970年代		教育委員会は機能せず	
1990年頃	PAC発足	教育長による銃を用いた委員脅迫事件	小学校校長、薬物所持で逮捕
1997-98年	PACによる、公立小学校校長異動の運動		
1999年		州によるreadingの試験導入	第4学年の学年到達度到達率：17.1%
2001年	CC9発足		
2002年秋		州法改正　市長関与強化政策の導入	
12月	教職員組合UFTと会議→組織目標模索		
2003年〜	行政職員に対するリード教員プログラム推進運動		
2004年1月	保護者に対するリード教員プログラム共通理解促進イベント		
3月	1万以上の署名収集　市教育局から目標額満額160万ドルの交付金獲得		
4月	CC9の保護者・UFT・市行政局との会議		
5月		リード教員プログラム導入　市教育局が「CC9が対象とする10の小学校に36人のリード教員を雇用」と発表	教員の辞職率：28%
秋	他組織と連携し、学校安全運動　展開開始		
2005年5月			第4学年の学年到達度到達率：47.6%　教員の辞職率：6.5%
9月		リード教員の制度化（100校200職設置）	
2006年	市レベルでの組織CEJに拡大		

出所：文献・新聞記事・CC9発行文書を基に筆者作成。

ら主体的に保護者との協働の機会を増やし、学校現場に保護者の参加を促す積極的役割を担っていたという[11]。

リード教員プログラムは次のような教育成果を挙げた。初年度には、同学区内すべての小学校（10校）に36人のリード教員が配置され、その後1年間で顕著な教育効果を挙げた。教員の辞職率を28％から6.5％にまで減少し[12]、学業成績に関していえば、4年生における英語の標準テスト合格率が17.5％上昇した[13]。これは、同年度、同市内では最も大きい伸びであった。これらの改善状況から、リード教員プログラムの教育効果が認められるところとなった。二年目には、同プログラムは市内全域に拡大され、100校の公立小学校に200ものリード教員職が設置されることとなった[14]。現在では、市行政局の管轄下となったが、マスター教員（master teacher）の形で同制度は継続している。

(2) CC9による保護者の教員理解への着眼

以上のように、CC9は教育改善を果たすうえで、保護者が教員を支援する取り組みを行った。CC9では、保護者と教員の協働関係の構築を最重要視していた。つまり、非白人保護者が白人教員という人種も立場も異なる異質な他者と協力しようとしており、「公共性」を志向していたということができる。しかし、その実現に至るまではとても困難だったとされる。

困難であった理由はまず、当時の市政の影響が挙げられる。CC9結成当時、同市は市長関与強化政策下で厳格なアカウンタビリティ政策が導入され、垂直型で責任を問う体制が整えられており[15]、教員・保護者をはじめ教育に関わるアクターが水平的に協働する契機が創出されにくい状況であった。当該状況下では、教員・保護者は孤立化が進んでおり、互いに帰責し合う関係性に陥る危険性も大いにあった。しかし同時に、当時の行政の垂直型設計は、地域の声を直接的に政策に反映させうる可能性を秘めていた[16]。CC9はその可能性をうまく生かして、教育行政官や教職員組合（United Federation of Teachers：UFT）との交渉を行いリード教員プログラムの導入に成功した。

ここでもう一点押さえておきたい事実は、歴史的に長い間、激しい対立関係

にあったコミュニティ組織と教職員組合との関係改善を必要としたことである。対立関係の要因とそれを克服できた理由を探る形で経緯を考察する。

対立関係の発端となったのは、1960年代に同市で起こったコミュニティ・コントロール運動である。コミュニティ・コントロール運動は教育改善を企図しながらも、「黒人による黒人のための学校を設立すること」を主目的としていた。つまり、学校改善よりも人種問題に疑義を呈することに重きが置かれていたのである。これは、コミュニティ側が自らの価値観を絶対的に善であるとし、それを教員側にも認めさせることを目指して起こった運動であったため、必然的に教員側を排斥する形となった。その結果として、コミュニティ・コントロール運動は、学校改善を果たさなかったどころか、コミュニティ組織と教職員組合の激しい対立関係を招いてしまった。この後、コミュニティ組織と教職員組合の対立関係は根強く残り、容易に克服できる状態にはなかった。

後にCC9に加盟することになる一つのコミュニティ組織 Parent Action Committee（PAC）も、CC9結成以前、教育専門家である校長を排斥する運動を行っている。当時PACはある小学校を対象に学校改善運動を行っていた。しかし、学校側はPACの保護者に対して誠実な対応を見せなかった。学業成績不振の要因と考えられる学校側の対応の問題点を、データを用いて提示しても、学校側はその実情を把握していないどころか、指摘された点を問題として適切に取り上げることさえしなかった。その態度に激怒したPACは、校長の異動権限を有している学区教育長とニューヨーク市長に働きかけを行い、当該校の校長の異動を行った[17]。

しかしここで、PACで活動している者にとって予想外の帰結が生じる。校長を異動したところで当該校の学業成績の改善は実現されなかったのである。PACに引き続いてCC9でも従事した、組織化の専門家であるコミュニティ・オーガナイザーは、CC9結成後、このPACでの失敗談をCC9の保護者に共有した。その失敗を踏まえて議論するなかで、CC9の保護者らはついに、教員に対する理解の転換に行き着いた。すなわち、「相互帰責をしていても教育改善は見込めない。お互いに協力する必要がある」と考えるようになったのである[18]。

このような経緯でリード教員プログラムという若手教員支援制度の選定に至った。ここでは、異質な他者の排斥から受容へと転換が行われている点において「公共性」が志向されたということができる。

　以上では、実質的な改善を目指すための戦略的選択として、相互支援に至ったように読み取れる。この認識変容を可能にしたのは、コミュニティ・コントロール運動との主目的の違いが影響していると考えられる。PACやCC9の主目的は、子どもにとってより良い教育環境を整えることである。それに対してコミュニティ・コントロール運動は、先ほども述べたように、人種問題の根本的克服を目指している。自らの有する価値観を他者にも認めさせることが主目的である。

　両者の違いは、自らの価値観への固執の有無である。もしPACやCC9も同じように、自らの価値観を絶対的なものとして掲げたうえで運動を展開していたならば、それは異質な他者の価値観を否定することになり、教員との関係克服は成しえず、CC9の運動が「公共性」を志向することもなかったと予想される。CC9の主目的として、自らの価値観への固執よりも学校改善に重心がおかれたために、すなわち価値観を再構成することも可能であったために、「公共性」への志向が開始され、教員に対する理解の転換が生じたと考察できる。

(3) 保護者の潜在力への期待

　自らの有する価値観の正当性獲得が主目的ではないとはいえ、コミュニティ組織は社会改善を目指すものであることには変わりない。CC9は社会改善の手段として、保護者を組織化の対象に設定し、学校参加を運動目的に据えた。そこでは、社会改善の実現にとって、保護者の学校参加がいかなる意義や効果を持つと捉えられていたのかに注目して検討すると次のようになる。

　まず、組織化対象として保護者に焦点を当てた理由としては、その力の伸び幅への期待が挙げられる。一般的にコミュニティ組織の目的には、社会的に軽視されがちな貧困地域の住民や保護者の市民性を高めて、たとえば行政に対しても対等に交渉する力をつけることが含まれている。しかし社会的劣位におか

れる者たちの力を行政に意見を反映させるまでに高めることは簡単ではない。CC9は、その打開策の一つとして、運動の主軸を教育問題に据えることで、組織化対象として保護者に焦点化することを試みたのである。その有効性としては次の三点を挙げることができる。

第一に、自らのためのみではなく、自らの子どものためという代理者性を生み出した。より切迫感と責任感を伴った強い目標意識や運動動機の醸成を図ったのである。子どもの教育環境や生活状況を何とか改善したいという保護者固有の強い思いを原動力にすることで、保護者の強い意思を引き出すことを企図していた。第二に、運動目的・対象に"子ども"を据えることによって、保護者同士を連結させる媒介・潤滑油としての働きが期待された[19]。自分のためだけであれば、利己心が先んじ、直接的に対立し合う可能性もあるが、他者を媒介とすることで緩和・連結の可能性が高まると考えられた。第三に、保護者自身の居場所を作る目的である。日々、仕事・家事・子育てに追われ、必死に生活を送るなかで、自らの話をする場所や余裕は持ちにくい。しかし、子どもに関わることとなれば、本人も罪悪感なく参加しやすい。自身が日々抱える不安や不満を話す場の保障にもなり、参加継続率が高まることが予想された。

次に、運動目的として学校参加を選択した理由は、当該地域の生活環境の改善を実現するために必要かつ有効なものであったからである。具体的には次の二つが挙げられる。

第一に、現実の状況として、当該地域には貧困状態にある生活環境と連動した問題として教育問題が山積しており、その解決が急務であったことである。児童生徒のなかにはシェルターに住んでおり、十分な食事を与えられていないといった不安定な生活環境を余儀なくされているものが少なくなかった。給食費減償措置を受給しているものは9割以上である。これらの問題に対して、市教育行政機関は適切な対応を行わず、長い間、教員の高い辞職率や教室の過密状態など劣悪な教育環境は放置されており、児童生徒の学業成績は慢性的に同市内で最低レベルであった[20]。そうした、貧困に起因する教育問題を改善すべく、先述のように、CC9は教員との協働関係構築を通じて学校改善に着手したので

ある。ここでは、学校改善は、学校内部で完結した状態で実現されるものではなく、教育実態と密接に関係している生活実態の問題が適切に取り上げられてこそ実現されうると捉えられているのである。

　第二に、本人たちがどれだけ自覚していたかは不明ではあるが、教育改善によって地域が改善することへの期待が少なからずあったことが予想される。すなわち、住居の改善や交通安全整備などだけでは地域を根本的に改善することにはならず、少し回り道に思えたとしても、学校改善を行うことがゆくゆくは地域改善にもつながるという考えがあったと言える。これは、それまでのコミュニティ組織の限界を克服しようとするものであった。先述の通り、90年代頃から、コミュニティ組織の間で住宅環境や経済状況のさらなる改善を行うためには、教育環境の改善が必要だとの認識が共有され始める。一つには児童生徒が十分な教育を受けていないために、地域の問題が根本的に解決されてこなかったと考えたためである。もう一つには、より普遍的な意義づけとして、未来の社会の担い手を育てる場である学校について、大人たちがともに考えることで、対処療法的な地域改善ではなく、社会のあり方について根本的に見直す契機となることも期待されていた。こうして、生活環境の改善と密接に結びついた形で、教育環境を改善する運動が生起してきた。

　以上の分析から、CC9が実質的な社会改善を行ううえで、戦略的に有力なものとして、保護者が生活のなかで抱く子どもをめぐる強い思いに期待していた。これは、いわば、保護者の有する"私的経験"が社会改善運動の強い原動力になることに気づいていたということができる。より抽象化して、本章の仮説検証に即していえば、保護者の私的経験における感情も含んだ強い問題関心が、「公共的」な場においてマジョリティと対等に向き合うための原動力になると捉えていたと考察することができる。

(4) 保護者の組織化過程における「親密圏」の位置づけ

　ここでは、CC9が具体的にどのような方法で、保護者の私的経験を組織化し、「公共性」の志向を促進したのかを検討する。

まず、学校外部組織においては懸念点であろう情報資源不足の克服である。CC9 はその弱点を克服する手立てを講じていた。専門知識を獲得する手段として、1995 年に設立されたニューヨーク大学の教育社会政策研究所の Community Involvement Program（CIP）による支援を受けていた。同機関は、貧困地域における公立学校を改善する目的で設立され、学校改善に取り組むコミュニティ組織に対して、研究成果の開示や組織化の技術的支援を提供していた。[21] CIP の技術的支援とは、大きく 8 点挙げられる。1. ミーティングの召集と促進、2. 学校の課題に関するトレーニング：リーダーシップの育成、3. 学校の業績と支出に関するデータ分析とプレゼンテーション、4. 提言を改善するための政策分析と発展、5. 組織化を遂行する支援：ストラテジーや組織の拡大・発展に関する相談、6. 他の情報源との仲介、7. 進捗状況、障壁、包括的な戦略に関する評価とフィードバック、8. 市規模の組織化の活動のための協力や行政支援である。これらを踏まえれば、CIP は、単なる教育問題に関するデータを提供するだけの支援ではなく、組織化自体の支援や他の情報源や機関とのコーディネーターとしての役割をも果たしていることが分かる。

　では次に、CIP の支援を受けながら、CC9 は保護者をどのように組織化したのであろうか。CC9 の主要な活動の一つにはミーティングが挙げられる。ファブリカントの分析によれば、ミーティングには大きく二つの段階がある。私的経験を共有する「準備（prep）」段階と具体的な活動内容を決める「公共的（public）」段階である。

　「準備」段階では、私的経験に基づく感情を吐き出し共有する。まず、保護者が参加しやすい環境を整備している。当該地域の保護者はシングルマザーで働きながら子育てしている者も多く、英語を話すことができない者も少なくない。[22] CC9 はこのような状況にある保護者が参加しやすいように、次のような体制を整えている。まず気軽に参加することができるように、招待の方法としては、子どもの送り迎え時に学校の前で声かけをする。保護者同士の口コミも一つの大きなツールである。次に、開催方法としては、時間を平日夜もしくは土日に設定し、翻訳サービスや無料の食事、チャイルドケアを提供している。[23] こ

れは、保護者の担う生活負担を十分に考慮・配慮し、保護者の負担を代わりに担う体制を整えることで、保護者が罪悪感なく、安心して参加できるように工夫されている。

　ミーティングは1対1の対話から始まる。日常生活で抱く不安や不満といった否定的感情を吐露するところから始まる。新しく入ってきた保護者は古くから活動している保護者やコミュニティ・オーガナイザーと対話する。この段階では、「お互いが何を気にかけていて、お互いの大事にしている価値観はどのようなものであるかを知る」。このような自身の関心や価値観を話すためには、「学校や地域の状況、その状況が自分たちの価値観にどのような影響を及ぼしているのか」について話す必要があり、ときには困窮状況に起因する苦しい思いを吐露し互いに癒し合いながら、生活実態や感情経験などの私的経験を共有する過程を通る。CC9に参加すること自体が快適なものであり、たとえ初めての参加であったとしても、よそもの扱いを受けずに包摂感を得られるような環境が整えられている。CC9では、保護者自らの有する私的経験がそのまま尊重・共感・受容され、保護者自身の存在を肯定される空間が創出されていたと言える。ここでまさしく、齋藤のいう「親密圏」が形成されていると言える。

　「公共的」段階とファブリカントが分析するところでは、「親密圏」で共有された問題意識をもとに組織目標を考え、それを推進するための運動計画について話し合う。具体的にはまずCIPが提供する文書やデータによって、教育問題の状況、他機関の権限や実態を把握する。その後、スモールミーティングを通じて、児童生徒の学業成績改善のために為すべきことを10項目挙げる。そのなかから、カテゴリーごとに分類し、優先順位をつけて、高い効果が期待できそうな目標を選定する。スモールミーティングという体制にすることによって、保護者がお互いに自分の保有している知識を提供し合い、保護者同士の関係性を促進することが目指されている。大人数のミーティングでは、発言回数に偏りが生じる場合も少なくないが、少人数のグループ討議を取り入れることで、より多くの参加者が自らの言葉を発し、自らの考えが組織目標にいかなる形で結びついているのかを各々把握することが可能になっている。CC9のミーティ

ングでは感情的な対話を論理的な議論へと展開していくことが意識されている。[28]
ここでは、一人ひとりの思いが受容され、その思いが理性的な議論へと引き継がれていくようにミーティングを展開するための工夫が行われている。

　ここでは、第1節で立てた仮説の通り、保護者が公共的な思考を獲得するまでには、「親密圏」において私的経験に基づく問題関心が共有される過程を通っていることが分かる。しかし、一つ釈然としない点が残る。ファブリカントが「公共的」ミーティングと分析している営みについて、教員や教育行政官などの異質な他者が同席するわけではなく、同質性を帯びたCC9のメンバーしかいないという点では「親密圏」に変わりなく、完全に「公共的」とは言えないのでないのかという疑問が生じるのである。とはいえ、「親密圏」での学習過程においてまさに、不変的で否定的な感情から未来志向型の改善目標へと、すなわち私的感情から「公共性」へと変容しているのは事実である。一見、矛盾しているようにも思われるこの実態を解明するためには、「公共性」の存立構造における「親密圏」の働きについて、さらに詳細に検討する必要性が提起される。

第3節　CC9にみる「公共性」存立過程における「親密圏」の効用

　本節では、PACの保護者へのヒアリング結果から読み取れる事実と保護者の認識変容に関するファブリカントの記述とを結び直し、「公共性」への志向を促進するものとして「親密圏」がいかなる働きを果たしうるのかを、さらに詳細に分析することを目指す。この作業は、保護者による教員に対する理解や期待をどう変えることができるか、実践的示唆を導き出すうえで重要であると考える。

(1) CC9における「親密圏」の創出の意義：形成期
　まずは、「親密圏」における私的経験の共有の段階について、同段階は保護者にどのような影響を及ぼしているのかを吟味する。

「親密圏」では、齋藤が提起するように、保護者自らの私的経験が同質の他者に対等に受け止められることで、自らの有する生活経験や価値観が劣位に位置しないものとして捉え直される[29]。保護者同士が双方の私的経験を対等かつ相互に受容し合う関係性を紡ぐことによって、自信や自己肯定感の回復・創出につながっていたと言えよう。

しかし、それらの効用に留まらず、ファブリカントの記述には、「親密圏」で保護者が自らの私的経験に基づいて、学校教育や社会に対する問題関心を自覚する過程があったことが伺える。ファブリカントによる私的経験の共有に関する記述を、問題関心を自覚する過程として整理し直せば、次の三段階が存在すると考察することができる。

一つ目は、感情を取り戻す段階である。当該地域に住む人々は、日常茶飯事に犯罪を目の当たりにしている。そのような状況にあっては、日々抱く感情を鈍らせて生きざるを得ない者が少なからず存在する[30]。日々の生活における不条理感や不満・不安さえ封じてしまっている場合もあるだろう。CC9は、当該地域の保護者たちにとって、感情を思い出し吐露する貴重な空間であったと言うことができる。「親密圏」に参入することによって、自らの感情と向き合い、奥に潜めていた感情を取り戻すことができると考えられる。つまり、子どもの教育を問い直す原点として、日々の生活における否定的な感情がここで一旦取り戻される必要があったと言える。これは、日々の生活のなかで過度に否定的な感情を持つ経験の多い社会的劣位におかれる保護者たちにとっては稀有な、一種の治癒・ケアの場であったとも考えられる[31]。

二つ目は、感情を言葉にして発し、他者から受け止められる段階である。ファブリカントはCC9が「安全な避難所」となっていると分析した点において、翻訳サービスの重要性を指摘している[32]。英語を話せない者にとって、英語中心のミーティングに参加するにはまず心理的距離が大きい。たとえ参加することができたとしても、自分の気持ちや考えを容易には発表することができない。自分の分からない言語の飛び交う空間は怖さや自らの不適合性を感じることが多くなり、疎外感の要因ともなる。CC9は言葉に対して手厚い配慮を行うことで、

保護者自身が自らの手で、他者との間に言葉を取り戻す空間であったと捉えることができる。言葉を用いて、他者に発言しようとする。そして、自分の発した言葉が他者に聞き取られ、受け止められる。言葉は聞く相手がいて初めて、発話となりうる。「公共的な」場において理性的に物事を捉えるために必要となる言葉は、「親密圏」で感情を取り戻す、まさにその過程において、保護者自身が取り戻し行使しうるようになるものと言うことができる。

　三つ目は、保護者が自ら、他者に貢献しうると感じられる段階である。従来は社会的劣位におかれ、常に支援の受け手側であった者が、共通の経験を有する他者と相互に対等な関係を結ぶことになる。CC9として活動していた頃からPACのメンバーであった保護者は「PACは"家族（Family）"のようである。私達はお互いに、自分の子どもの学校で起こっていることを学び合い、説明し合う。私自身の子どもは大きくなったが、今でも、私たちの子どものために教育のことを考え続けるのである」と述べている[33]。CC9の保護者は"家族"として、当該学区にいる自分以外の子どものことにも自分の子どもと同じように問題関心を向けていることがこの発言から分かる。自らが共感・受容されて存在を肯定されると同時に、自らの存在が他者の存在を肯定し得ることに気づく空間でもあったと言うことができる[34]。「親密圏」では、あくまでも同質な他者ではあるが、保護者が、他者との関係性を構築する突破口の役割を果たしていると言うことができる。

　以上のように、従来も指摘されてきた自己効力感の回復などの「親密圏」の効用に加え、「公共性」への志向の端緒がすでにここに見られることが分かる。「親密圏」で感情もともなって否定的経験を共有するところに、「公共性」で問い直されるべき問題関心が顕在化し始めていたと言える。

(2) CC9における「親密圏」での学習の効用：展開期

　ここで一つ考えるべきは、齋藤の指摘するように「親密圏で価値観を形成する」という提起のみならば、前段階で一定の価値観が形成され終えていることになる点である。しかし、以上の段階では一定の価値観が共有されたわけでは

ない。問題関心が自覚され顕在化されたに留まる。「親密圏」に存在する他者は"同質"他者であるため、ここで一定の価値観が形成されてしまえば「等質な価値に満たされた共同体」と化してしまいかねない[35]。コミュニティ・コントロール運動は、その一例だったと言えるだろう。そう考えれば、ファブリカントが「公共的」段階と分析したところで「親密圏」において"学習"を行っていることは、「公共性」への志向にとって重要な役割を持つと言うことができる。

そこで本項では、PACの保護者の語りと保護者の認識変容に関するファブリカントの記述を再編し、「親密圏」における学習過程が保護者にいかなる効用を与えるものであるのかを検討する。

その効用を分析するうえで、CC9の保護者の語りは手がかりとなる。「組織に入るまでは、現在、市で何が起きていて、それが子どもにどう影響しているのかについての知識がなかった。他の保護者も同じような気持ちを抱いているのを知り、自分の子どものためだけではなくて、私たちの子どものために変革を起こすために協力しなければならないと分かった」[36]。明確に言語化はされていないが、他の保護者と"気持ち"を共有し合う「親密圏」の存在と教育問題に関する知識の獲得とが密接に関わっていることを示していると言えよう。「親密圏」における"学習"の効用について、ファブリカントの分析から保護者への効用に関する記述を抜き出し、それを結び直す形で考察すれば、次の三つの特質を指摘できる。

第一に、CC9では、理性的に発言することを求められるミーティングであっても、安心感があり、失敗をおそれないで発言できる空間であったことが指摘される。CC9は学校外部の組織体であり、ほとんどの構成員が共通経験を有している場での討議である。ここでは、外部他者から攻撃されるという心配はなく、自由な発言が守られている[37]。このように守られた空間であるからこそ、自らの私的経験に基づいた感情に結び付くかたちでの理性の行使が可能になっていたと考えられる。

第二に、学びを通じて、自らが吐露した否定的感情・否定的自己意識がいかに「他者との関係性のなかで」生まれたものであるかを知る。従来は孤立し、

自らの力のなさが原因で社会的に不利な状況に置かれているという認識であったのが、行政の不公正な資源配分をはじめとして、社会的諸力のなかで無力化されていると、より客観的な捉え直しが可能になる。ここで、自らの置かれる劣位性がどのようにして生まれているのか、ときには社会の側の理不尽さを本人自身が発見し自覚していくことになる。

第三に、しかし、同時に行われていることとして注目すべきは、「異質な他者」として従来排除しようとしていたものに一旦歩み寄り、相手の立場に立って考える過程を通っていることである。CC9の場合、CIPの支援によるデータや書物を通じて、現在の教育現場の問題状況や教育行政機関・教職員組合の有する権限を知り、当該学区の教員が困難を抱えていることを知る。この過程を経て、異質な他者を受け入れ、教員を責めるのではなく支援する方向で、具体的な活動を考えるように変わっていった。

もちろん知識の獲得それ自体が保護者の力を高めることに寄与していた。実際に、交渉段階において教育行政官からCC9の保護者の有する豊富な知識と論理的思考に対して敬意を表明されることもあった[38]。しかしそれ以上にここで注目すべきは、「親密圏」において知性を身につけることで、自己と他者との双方のケアを可能にしている点である。

本来ならば、自らの劣位性が生み出される要因を他者との関係のなかに見出したとき、その他者の責任を追及するような形で運動を行ってもおかしくない。そうならなかった理由は、ケア論で提唱されている自己と他者に関する議論を踏まえて上記の分析に考察を加えれば次のように説明できる。自己の劣位性が他者との関係性によって起きるものであり、自分が悪いわけではないことに気づいたとき、自責感や自己否定感が緩和され、自己へのケアが行われ、否定的感情自体は和らぐことになる。そのとき同時に「自己に先だって他者が存在している」ことに気づく[39]。つまり、あらゆる社会問題は様々な人々の関係性のなかでしか生まれないことを理解したとき、何らかの問題を一つのアクターに帰責したところで、根本的な解決にはつながらないと考えたことが想定される。

以上から、CC9では、保護者にとって一定守られた空間である「親密圏」に

おいて、"学習"という形で異質な他者を受容し得たことで、教員を排斥対象から支援対象へと、理解を転換したと考えられる。「親密圏」において"学習"することで、自己と他者との双方の同時的ケアが可能になる。ここに、「親密圏」と「公共性」は明確に区分されるものではなく、併存される可能性が見出され、この点は、保護者・住民をどのように教員支援の議論と実践に組み込むかを考えるうえで示唆的だと考えられる。

(3) CC9における私的経験と「公共性」の往還：安定期

しかしここで、次のような懸念事項が生じる。一つ目には、一定の公共的スキルを獲得した保護者とCC9に参加していない、もしくは参加して間もない保護者との間に差異が生まれ、再び資源格差を引き起こすことになっているのではないかという負の再生産の可能性である。二つ目には、上記は、異質な他者への配慮を要請する点において、従来の「公共性」の議論と大きくは違わず、同じ限界に陥りうるという危惧である。CC9の組織化が進むにつれてCC9自体の「公共的」性質が強まり、常に他者への配慮に富んだ討議が行われるようになり、「親密圏」は消滅し、私的経験に根ざした思いを語りづらくなるという自己矛盾に陥る危険性がある。

これらの問題点に対応しうるものとして、CC9では保護者が私的経験と「公共性」とを往還しうる状況にあったことに注目したい。これは、コミュニティ組織という組織の性質が影響している。CC9はあくまで学校外の運動組織であり、参加する保護者の数を常に増員する活動を行っているため、CC9には必ず"新しい保護者"が存在する。新しい保護者は社会のなかで劣位におかれたまま、孤立化している。先に参加している保護者は、新しい保護者を受容し、「親密圏」を創出する必要が出てくる。

新しい保護者は前項までで述べたような学習過程を経ていないため、理性を適切に行使することが難しいのみならず、自らの感情に蓋をしたままのものもいるだろう。それゆえ、CC9のミーティングは、常に1対1の対話から始める必要がある。それは組織目標の決定前・決定後といった活動内容・時期は問わ

ない。いかなる時期であれ、ミーティングのはじめには、新しい保護者が抱えている不安や不満を聴きだし、共感・受容する場として「親密圏」が必要である。

新しい保護者は感情的な発言がより多くなることが予想されるうえ、彼らにとって自分の位置づけを他者との関係性のなかに見出すことは容易ではないだろう。新しい保護者に向き合うとき、先に参加し一定のスキルを身につけている保護者も、元来有していた自らの私的経験に根ざす不安や不満といった感情や問題意識を思い出さざるを得なくなる。そして公共的思考との往還のプロセスを再び追い、この時には自分のみならず新しい保護者をも同じ道筋を辿れるように導くことが必要になる。

このように新しい保護者と絶えず関わりを有することで、私的経験に基づいた問題意識が、現在行っている運動に少なからず関わることを再確認することができる。これは、組織としての自己と個人としての自己との共存の実現も可能にしていた。つまり、教育行政官や教職員組合との公的な (official) 交渉場面においてCC9の代表としてふるまう時の自己と個人としての自己とに連続性を感じることができ、無意識の内にせよ、後者が前者に従属することは起こりづらかったと考えられる。このような私的経験への還元を絶えず意識することができるためにこそ、組織としての活動に対しても適切な責任感を有することができていた[41]。

上記のような新しい保護者との対話は、絶えず対等な関係性で行われると言いきることはできない。一定期間、活動を続けてきた保護者からすれば、新しい保護者に対して一種の優位性を感じることはあるだろう。これは、保護者の成長の証しでもあり、CC9が一定の学習機関の性質を有していることの証明になる。しかしながら一方で、元々有してきた生活経験やそれに根ざす価値観としては共有される部分が多い。また、新しい保護者と対話するなかで、古くから活動する保護者が、直近の生活実態における感情の吐露を許されることにもなるだろう。「親密圏」で同質の他者同士が私的経験を通じて関係性を築く過程においては、対等性が常に保障されていたと言えるのである。

こうして「親密圏」における保護者の否定的な経験や感情を尊重し続け、そ

の共感・受容を主軸に置いたうえで学習を促すなど、非常に丁寧に「公共性」との接続・併存が図られていた。このことによって、従来は対立関係に陥りやすかった教員に対する理解を、排斥的なものから支援的なものへと変えたうえで、支援制度の導入を促進する運動を展開するまでに至ったのであった。現在、教員離れや教員の疲弊が問題視され、教員支援の議論と実践が求められているなかで、同事例における保護者の変容過程は非常に示唆的だと言える。

第4節　リード教員プログラムの特質と意義

以上の保護者による変化のもと導入されたのが、リード教員という若手教員支援職であった。本節では、リード教員プログラムの具体的な運営方法や実際の支援の内容に注目し、保護者による若手教員への理解の転換が教員の育ちにどのような効果をもたらしたのかを検討する。具体的な検討対象としては、リード教員プログラム導入二年目の報告書を用いる[42]。そこには、リード教員プログラムの運用形態に加え、若手教員・リード教員双方の感想・意見が掲載されており、本節の作業課題に照らして適切な素材だと考えられる。

(1) リード教員プログラムの運営形態

まず、リード教員プログラムの運営形態を簡潔に整理する。リード教員プログラムを運営するにあたって、リード教員運営組織 (Lead Teacher Coordinating Committee : LTCC) が創設された。そこには、保護者、コミュニティ代表、教員、教職員組合、地区の行政官の代表者とリード教員二名が参加する (2005年度)。定期的な活動としては、月に一回、学校の活動や問題の報告を聞き、トラブル解決を図っている。第2節(1)で述べた通り、リード教員の採用・研修もLTCCが主導した。このように、保護者や地域住民が若手教員支援の在り方に大きく関わっている点に特徴がある。

リード教員は、基本的に1校に4人派遣されてペアで活動する。リード教員は、一日の半分は自クラスで授業を行うが、残りの時間は担当する若手教員の授業

を参観し指導を行う。多くの学校では、若手教員の授業支援では、一人が読解を担当、もう一人が数学を担当する。リード教員のガイドラインに従って、当該年度の初めの2～4週間で毎日のルーティーンを決め、その後も一日に一回、共同で計画を立てる時間が設けられている。

リード教員は派遣される前に、事前研修を受けて資質能力向上に努める。まず、教職員組合 UFT が持つ教員センターと当該地区の学習支援センターによる専門性発達向上プログラムを受講する。前者では、リード教員のコーチスキルに焦点を当て、後者では、ニューヨーク州のスタンダードやコアカリキュラムに沿って、数学や読解の学力向上に焦点化された研修が行われる。

外部センターによる研修のみならず、リード教員同士による研修も行われた。勤務初期の段階では、リード教員の役割などの基本的事項から確認を行ったり、若手教員との対立を避けるための具体的な方法やペアのリード教員と教室での役割や責任をどのように分担・協働すればいいかなどについて、ロールプレイや関連文献の読み合わせを通じて研修が行われる。こうした研修を2～4週間受けた後、若手教員の担当教科やニーズに即して、支援を担当する若手教員が決定される。

若手教員への支援の主な内容は、定期的に30分から1時間ほどミーティングを行うことである。そのミーティングでは、リード教員が、子どもの支援・カリキュラム開発・授業計画・学級経営について助言を行う。また、リード教員と若手教員は毎日、交換記録を記している。それは管理職には公表されないことになっている。交換記録の非公表は、若手教員が悩みや不安を率直に吐露できることを重視し、LTCC がとくに徹底を求めた点だという。この点は、保護者や住民が、若手教員を責めるのではなく、支援を徹底することを重視していたことを示す象徴的なものだと言える。

(2) リード教員の特質とその意義

次に、リード教員の特質とその意義について検討を行う。LTCC は、リード教員の性質・気質として、若手教員のニーズを開示させ、突き止めることに長

けていることを求めていた。リード教員と若手教員が率直に正直な感情を出し合えるコミュニケーションを行う必要性があると考えていたからである。

　リード教員による支援では、とくに若手教員の抱える苦悩などの"否定的感情"の緩和・解決に主眼が置かれていた。その特質を見出すべく、一例を検討する。一般的に、若手教員は、児童生徒が集中して授業に参加できるようにすることが難しく、単元を最後まで終えることができないという事態が起きやすい。こうした時、リード教員は、授業を終わらせるように責めるのではなく、目標を設定し直し、学級経営・教授方法・児童生徒の学力レベルに合わせた教室環境創出の方法など、具体的なモデル・助言を示したと報告される[43]。

　わが国の議論では、困難な児童生徒がいるとその児童生徒の問題行動を理解する必要性が強調されることもある[44]。しかし、困難な児童生徒のみに集中すると授業が遅れてしまい、結局、児童生徒全員にとって不適切な環境を創りあげてしまうことになりかねない。ここでのリード教員の指導は、若手教員の思い・考えも大事にしつつ、教室全体を巻き込む形で改善する例を出していた。

　こうした支援によって、若手教員は"否定的感情"を緩和したことが報告されている。当初、ある若手教員は、リード教員が提供するあまりにも構造化された授業モデルに圧倒されたという。しかし、リード教員が若手教員のニーズを汲み取り、的確に具体的な技術的支援を行うことで、若手教員は落ち着きを取り戻し自信を持つことができたという。若手教員は、「私がしていることが正しいと保証してもらえた」と述べたと報告されている[45]。同地域では、若手教員が無力感などの"否定的感情"を抱きやすいとも言われていたことを踏まえれば、この若手教員の言葉は単なる自己正当化ではなく、"否定的感情"が緩和された局面として解釈することができる。

　リード教員プログラムの注目すべき点は、以上のように、若手教員がリード教員の支援を通じて、教職に対する肯定的な心構えをできるようになったことに加えて、リード教員もまた教職に対する満足感が増幅したとされる点である[46]。リード教員自身が若手教員に対して権力的にならずに支援的な働きかけを行うことに自負と意義を感じているようだったという[47]。つまり、同プログラムでは、

支援者側が一方的に尽力するのみならず、若手教員への支援を通して、リード教員自身にとっても職能成長の場になり、教職のやりがいを再確認することに繋がっている。この点は、たとえばわが国では、若手に限らず教員全体に多忙感・疲弊感が広まるとも言われるなかで、その否定的な感情を緩和・克服する方途を示唆するものであり注目に値する。

　以上で検討してきたように、リード教員が決して若手教員を責めるのではなく、共感的・支援的に関わることによって、当該地域の教員の資質・能力向上と児童生徒の学力向上を実現していた。本研究全体との関係で確認しておくべきは、保護者自身が"否定的感情"を緩和・ケアされる過程を経た結果、若手教員の"否定的感情"を緩和・ケアすることを重視した支援制度が導入・運営されたことである。いわば、学校において非力な状態に置かれる若手教員に対して、保護者は"被抑圧感"という点で共鳴したとも想定される。そのことが保護者による若手教員への理解の転換と支援の展開において重要な局面だったと考えることができる。

第5節　小　括

　改めて、本章で分析概念としてきた「親密圏」と「公共性」を用いながら、どのようにして保護者が教員に対する理解を転換したのかを概括する。まず、NPO組織のなかで、保護者の私的経験を尊重し、否定的経験を共有し感情でつながることのできる「親密圏」が形成されていた。そして、「親密圏」において"学習"することによって、自己と他者との双方のケアが可能になり、本事例の場合は、教員との関係を相互帰責から相互支援へと転換する形で「公共性」への志向を可能にしていた。

　従来の学校参加の議論における「公共性」概念に対する示唆としては次の点が挙げられる。「公共性」は理想状態であり、一種の到達点と考えられていたが、CC9の分析では私的経験と「公共性」とが絶えず往還しているところに重要性を見出した。「公共性」が成立する場において、これまでとは異なる価値観や

認識が存在しうるには、私的経験に基づく問題関心が適切に「公共性」への志向と結びつけられることを必要とする点が示唆された。

「親密圏」において私的経験と「公共性」が絶えず往還することで、根本的な社会改善を実現するために必要な「公共性」におけるマジョリティに対抗し得る問題意識をたえず再確認・再発見することができ、学校参加を行う段階においても、個々人が私的経験に基づく問題関心を意識しながら関わることができていたと考察することができる。

以上のCC9の分析から、保護者側の教員への理解・期待の変化を実現するための実践的示唆について考察する。第一に、保護者は自らをケアしうる場が必要であること、安心できる場、異質な立場から攻撃されることのない一定守られた空間で学ぶことによって、異質な他者の存在を受け入れることが可能になることが明らかになった。第二に、従来の議論では軽視されてきた感情面には、公共的な議論における主題の萌芽が埋まっていることが明らかになった。制度設計への示唆としては、保護者が自らの私的経験を安心して共有しうる空間を用意すること、また、そのような空間で学習できる機会を保障し、自らの有している価値観を吟味し問題意識として再構成していくための支援の必要性が挙げられる。

このようにして、保護者は、普段の生活における"被抑圧感"を吐露することを保障されるなかで、学校教育に対する知識を得て、教員に対する理解を変えていった。つまり、保護者が自らの力を高めていくことを支援されることによって、若手教員に対する支援制度の導入に至っていた。

ここで注目すべきは、保護者は自らが経験したことと類似の空間を、若手教員に対しても保障しようとしている点である。本事例において創設されたリード教員制度では、若手教員の職場における疎外感を緩和したり、彼らの相談内容の秘匿を保障し、相談時に"被抑圧感"を抱いたりしないように意識されていた。そして、リード教員との相談のなかで、若手教員が学校現場で抱きがちな無力感などの"否定的感情"を緩和し、かつ児童生徒への効果的な教育方法をも身につけた様子が見て取れた。

ここで、教員の「権力性」という概念を用いて考察するならば、当初の段階では、若手教員は退職率が高く、教員としての権力性・権威性を放棄してしまっていたと言える。だが、若手教員は、自らの"否定的感情"を否定されず、安心して吐露でき、その解決につながる策を手に入れることができたとき、「権力性」の行使でも放棄でもなく、児童生徒の発達に資する形での「権威性」の研磨の方向性を見出すことができたと言える。

この事例自体、あるいはファブリカントの考察でも、"マジョリティとしての被抑圧感"は十分に意識されていたわけではなかった。しかし、CC9実践において、保護者が若手教員に対する認識を変えた過程に注目すれば、その要として、いわば"被抑圧感"の共鳴という様相を見て取れた。ここに、前章までに見た"マジョリティとしての被抑圧感"という概念の発展可能性を見出すことができる。つまり、"被抑圧感"への着眼という枠組が、教員養成に限らず、入職前から入職後すべての段階において、教員支援の議論を行う際には有効である可能性が示唆される。言い換えれば、"被抑圧感"の緩和という観点を持つことで、教員制度論において、保護者と教員の相互変容・支援関係の構築を模索することが可能になると言うことができる。

註
1) 山下晃一『学校評議会制度における政策決定』多賀出版、2002年、169頁。
2) 仲田康一『コミュニティ・スクールのポリティクス』勁草書房、2015年、259頁。
3) 勝田守一・堀尾輝久「補論 国民教育における『中立性』の問題」堀尾輝久『現代教育の思想と構造(同時代ライブラリー版)』岩波書店、1992年、333-334頁。
4) 黒崎勲『教育行政学』岩波書店、1999年、49頁。
5) 齋藤純一『思考のフロンティア 公共性』岩波書店、2000年、96-97頁。
6) Fabricant, M., *Organizing for Educational Justice*, University of Minnesota Press, Chicago, 2010, p.xiv.

7) インタビュー調査概要は以下の通りである。

対象者	所属	実施日時	場所
マイケル・ファブリカント (Fabricant, M.) 氏	ニューヨーク市立大学 教授（当時）	2016/11/11 15:30-16:30	同氏研究室
アンジェリカ・オテロ (Otero, A.) 氏	元地域 NPO「CC9」 現地域 NPO「Women Organizing Neighborhood」（当時）	2016/11/11 9:00-10:00	同左 NPO 事務室
保護者11名	地域 NPO「Parent Action Committee」	2016/11/11 18:00-20:30	同地区活性化事務所

8) 6つのコミュニティ組織とは次の通りである。
・New Settlement Apartments（NSA）
：1990年発足。マウントエデン街における住宅改善を主な目的とする。教育改善に特化した Parent Action Committee（PAC）を下部組織に有する。
・Highbridge Community Center
：1979 年発足。ジョブトレーニングをはじめとして広範囲の教育・社会サービスを提供している。
・Association of Community Organizations for Reform Now（ACORN）
：1970年に発足。この組織はとくに教職員組合 United Federal of Teachers（UFT）との関係を良好に築いてきた数少ない団体である。ACORN は地域ごとに組織があり、ここでは ACORN Bronx を指す。
・Citizens Advice Bureau（CAB）
：1972年発足。早期児童教育、放課後・夏休みのプログラム、青年教育、ホームレスの住宅サービス、移民の人権問題など、広範囲のサービスを提供している。現在は、Bronx Works と改名している。
・Mid-Bronx Senior Citizens Council
：1973年発足。最も大きい CBO の一つである。住宅、雇用トレーニング、職紹介、放課後プログラム、子どものケアなど包括的なサービスを提供している。
・Northwest Bronx Community and Clergy Coalition
：1974年発足。環境の整備された住宅を維持し、犯罪を減らし、安全な街にすることを目指した組織である。教育分野では、学校規模に適切な児童数に減らすことや学校設備を整えることに一定成功してきた組織である。
9) Fruchter, N., *Urban Schools, Public Will*, Teachers College Press, New York, 2007, p.140.
10) 導入後3年目からは市行政局がすべての権限を握るようになり、現在 CC9 の発展組織である CEJ は同プログラムへの関与は一切できない状態にある。
11) コミュニティ・オーガナイザーのアンジェリカ・オテロ氏へのインタビュー調査より。
12) Hargreaves, A., Shirley, D., *The Fourth Way*, Corwin, California, 2009, p.60.

13) Herszenhorn, D., "How a District in the Bronx Got Results: From Pushing", *The New York Times*, 2005/5/20.
14) Rothman, R. (ed.), *City Schools*, Harvard Education Press, Cambridge, 2007, p.92.
15) 高橋哲「米国ニューヨーク市における新自由主義教育改革の展開」佐貫浩・世取山洋介編著『新自由主義教育改革　その理論・実態と対抗軸』大月書店、2008年、208-221頁。
16) Graby, M., Rothman, R., Smith, H., *Engaging Cities: How Municipal Leaders Can Mobilize Communities to Improve Public Schools*, Annenberg Institute for School Reform, 2006, p.56.
17) Zachary, E., olatoye, s., *A Case Study: Community Organizing for School Improvement in the South Bronx*, Institute for Education & Social Policy New York University, School of Education, 2001, p.9.
18) Graby et al., 2006, *op.cit.*, p.54.
19) マイケル・ファブリカント氏へのインタビュー調査より。
20) Graby et al., 2006, *op.cit.*, p.53. Herszenhorn, 2005, op.cit.
21) Zachary et al., 2001, *op.cit.*, 巻頭言。
22) Fabricant, 2010, *op.cit.*, p.108.
23) *Ibid.*, p.84.
24) Hollyce, C. G., "Why Should Urban Educators Care about Community Organizing to Reform Schools?", Kincheloe, J. L., Hayes, K., Rose, K., Anderson, P. (eds.), *The Praeger Handbook of Urban Education*, Greenwood Press, Connecticut, London, 2006, p.40.
25) Ginwright, S., *Hope and Healing in Urban Education*, Routledge, 2016, p.22.
26) Fabricant, 2010, *op.cit.*, p.109,110.
27) Zachary, et al., 2001, *op.cit.*, p.9.
28) *Ibid.*, p.7.
29) 齋藤、2000、前掲、98頁。
30) Ginwright, 2016, *op.cit.*, p.18.
31) ハーマン, L. D.、中井久夫訳『心的外傷と回復』みすず書房、1996年（原著1992年）、230頁。
32) Fabricant, 2010, *op.cit.*, p.111.
33) PACの保護者へのインタビュー調査より。
34) Fabricant, 2010, *op.cit.*, p.109.
35) 齋藤、2000、前掲、5頁。
36) PACの保護者へのインタビュー調査より。
37) Fabricant, 2010, *op.cit.*, p.116.
38) *Ibid.*, p.77.

39）岡野八代「フェミニズムとケア―つながりから社会正義へ」小野紀明・川崎修編集代表『岩波講座　政治哲学6　政治哲学と現代』岩波書店、2014年、140頁。
40）Fabricant, 2010, *op.cit.*, p.92.
41）*Ibid.*, p.120.
42）Academy for Educational Development, *Lead Teacher Project: Second Year Report*, 2006.
43）*Ibid.*, p.19.
44）楠凡之「困難な課題をもつ子どもの担任を支えるためには何が必要だったのか？」久冨善之・佐藤博編著『新採教員の死が遺したもの』高文研、2012年、162-185頁。
45）Academy for Educational Development, 2006, *op.cit.*, p.21.
46）*Ibid.*, p.24.
47）*Ibid.*, p.33.

終章
現代アメリカにおける教員志望学生・若手教員への理解と支援

第1節　本研究の成果――各章の概括

　本研究では、現代米国教員養成における教員志望学生への理解の転換と新たな支援実践の展開について検討してきた。本節では、第1章から第5章までの検討で得られた知見を総括する。

　第1章では、まず先行研究も参照しながら、米国教員養成の議論の全体像を把握したうえで、本研究が主に対象とする議論の主導的論者を同定し、彼らが学生に対してどのような期待をかけるか、それは学生に対するどのような理解に基づくかを解明した。学生への期待の大枠として、第一に、米国の公立学校では非白人児童生徒が多い一方、教員には白人が多いため、人種をめぐる不平等解消が進まないという問題意識が重要な前提とされていること、第二に、この前提をもとに、教員に期待される様々な資質・能力の中でも、非白人児童生徒の生活や文化的背景について理解することで、非白人児童生徒への適切な教育的働きかけができるようになることに注力されることを確認した。

　さらに一歩踏み込んで検討すれば、学生がしばしば無自覚にせよ非白人文化を劣位視し、その犠牲の上に自文化（＝白人文化）に安住してきたことを深く反省することが求められており、いわば学生にかかる期待はさらなる深まりが生じていることを明らかにした。その実現策としては、大学・学校で行う実習等とは別に、非白人の多く住む地域で、施設見学や住民との交流などの地域実習に参加することが提案されている。ここに、非白人居住地域は単なる学びの場

の拡張ではなく、学生の人種をめぐる認識修正を促す触媒としての役割が求められていることを指摘した。

　しかし主導的論者によれば、教員養成担当者側の学生への期待は容易には実現しておらず、学生は非白人居住地域において疎外感や嫌悪感などの"否定的感情"を抱きがちで、非白人に対するステレオタイプを強化するなど、反動的・反抗的な態度を示したり、認識修正を断念することも少なくないと指摘される。主導的論者はこうした問題について、学生は自らが「良き人」でいたいがために人種差別と向き合いたがらないなど、いわば学生への否定的な理解を示した。そして、その克服のためにこそ、非白人居住地域での実習を一層促進し、学生の人種をめぐる認識反省・修正をより強く期待していることを示した。

　他方、近年の米国では、主導的論者と一線を画すものとして、学生に対して厳しく期待をかけるのではなく、学生の率直な思い・考えを聞き取り、それを肯定的に理解することを試み、学生の認識修正に対する反動的・反抗的な態度や断念を防ぐための丁寧な支援実践が始まっている。第2章はスタンダード導入下において大学内で学生支援を工夫した例を、第3章は非白人居住地域において地域住民が学生支援を工夫した例を検討した。

　第2章では、ニューヨーク市立大学クイーンズカレッジ (Queens College of the City University of New York) の実践を事例として、大学教員が学生に対する理解をどのように変えて、いかなる支援策を講じたのかを明らかにした。近年、各国において教員の資質・能力や到達すべき目標などを指標や基準（スタンダード）として設定して、その遵守を求める動向がある。だが、教職の自由や創造性への抑圧という観点からの批判や抵抗も大きい。米国も例外ではないが、近年はスタンダードにおいても人種問題への誠実な向き合いが促される傾向にあり、学生への期待は複雑な様相を呈しつつある。このように学生への抑圧が増大する下で、いかにして学生の責められ感を和らげて支援的・ケア的に向き合えるかを検討した。

　ここで取り扱ったスタンダード edTPA は、教育実習とそれへの省察記録のパフォーマンス評価を行うもので、一定の点数以上を取ることが教員免許取得

要件の一つとされることもある。他大学実践では、edTPA に対して批判的態度を貫き、その対策は学生に任せ、講義などで大学教員が扱うことは避けられることも少なくないなか、クイーンズカレッジは批判意識を持ちつつも、学生の合格ニーズを満たせるよう実践を工夫していた。同実践の特質は、edTPA を意識しつつ独自の記述課題を設けて、教職の理念や責任について、一人称で自らの考えを記すように求めた点にある。その意義として、学生がedTPA に提出した省察記録を検討したところ、学生がスタンダードや大学教員の示す規範によって過度に被抑圧感を抱かずに、自分の思い・考えを生かしつつ、非白人児童生徒にとって有効な教育活動のあり方を考えられていたことを明らかにした。同大学の実践は、学生が"否定的感情"を抱くことを防ぐために工夫し、非白人児童生徒への公正な教科教育のあり方を検討できるよう支援していたと言える。だが、学生がどれほどの深さで人種をめぐる認識を修正したかは未だ検討の余地があることを確認した。

　第3章では、ボール州立大学（Ball State University）において、地域実習を主軸にして展開された養成プログラムを検討した。第1章で確認した通り、地域実習は、学生の人種をめぐる認識修正を厳しく迫るための触媒の役割があり、学生を教職断念に追い込みかねないと懸念もされるが、他方で、学生が認識を修正するためには重要な意義を持ちうるものでもある。同プログラムを対象として、学生へのプレッシャーを軽減しつつ、人種をめぐる認識修正を確実に促すべく、地域住民が学生に対する理解をどのように変え、学生をいかに支援したのかを検討した。その結果、地域住民は学生の非白人文化に対する嫌悪感などの"否定的感情"を否定・叱責せず、学生がそれを抱くことを実践の前提として、それが緩和され安心できるような環境を整えていたこと、そのうえで、地域住民は学生との信頼関係を構築することに勤しみ、言葉を丁寧に選んで人種問題をめぐる歴史と現実を学生に伝えていたことが明らかになった。

　こうした支援が功を奏して、学生は自らの個人的気質が責められたと思わずに、人種をめぐる認識修正に至っていた。その認識修正において、従来の議論とは異なる次の二局面を解明した。第一に、学生は従前の認識を反省するとい

うよりは、自身もまた白人文化で孤独感を抱いてきたことを自覚し、地域住民との交流を経てその孤独感が癒されることで、人種問題への理解を深める手がかりを得ていた。第二に、学生はマクロな観点から人種問題の解決に"強く"挑むというよりは、地域住民によって"否定的感情"が受容・緩和されたことへの応答として、ミクロな相互支援的な関係性を築くべく、地域での教育活動の提案・発展に従事し始めたことを解明した。

第4章では、第2章・第3章の事例検討を通じて明らかにした実践的提起の意義を深め、米国教員養成の議論の現代的到達点を見出すことを目指した。具体的には、第1章で検討した主導的論者の議論に対して批判が展開されていることを指摘して、批判者の議論を検討することで、主導的論者による学生理解にどのような問題点が呈されているかを明らかにした。そのうえで、それを克服すべく、どのような着眼点を置き学生を支援することが提案されているかを検討した。

批判者の議論に基づけば、第一に、従来の主導的論者は、人種をめぐる認識を修正したがらないなどと学生に対して否定的な理解をしがちであることが改めて確認され、第二に、そうした否定的理解に則るがゆえに、学生の認識修正を難しくする"否定的感情"の発生要因を的確に把握できていないこと、そのために学生に対して適切な支援ができていないことが問題として指摘された。

その問題を克服するための着眼点を見出すべく、批判者による学生の"否定的感情"の分析を検討した。そこから、学生は認識修正にあたって、人種差別主義者とみられることへの不快感や無自覚のうちに人種差別に加担してきたことへの罪悪感など、"マジョリティとしての被抑圧感"を抱えざるを得ないと考えられ始めていることを指摘した。その根底で学生は、他者に対してというよりも、自らのなかに潜む人間の生来的な"弱さ"に直面するのであり、それを自覚・受容することが必要になることを明らかにした。さらに、教員養成において、そうした過程を通じれば、教員の非白人児童生徒に対する優位性を全否定するのではなく、人種上の優位性や教員の不当な「権力性」とは区別して、学生が教員特有の「権威性」を適切に持つことを考え始められる可能性がある

ことを指摘した。

　第5章では、入職後に視点を移して、ニューヨーク市の貧困地域で非白人保護者を中心とするNPO組織が若手教員支援制度の創設を促した事例を検討対象として取り上げた。当該地域は、経験不足の若手教員が配置されがちで離職率が高く、保護者は教員に対して強い不信感や不安を抱いていた。当初、保護者は教員を排斥する運動を行っていたが、NPO組織で活動するなかで、教員を責めるのではなく支援することが必要だと理解を変えた経緯があった。同経緯に関する分析によると、保護者が日常生活で抱く否定的な感情や率直な思いを聞き取り合い、それを抑圧しないように十分に気をつけながら、自身の子どもの将来に大きく関わる学校教育の問題をともに考え合う場が準備されていた。そのなかで保護者は、若手教員もまた、学校では弱い立場に置かれ、疎外感や無力感を抱いている実態に着眼し始め、彼らを責めるのではなく共感的・受容的に支援する制度が必要だと理解を変えたことが明らかになった。そこでは、いわば、保護者が"被抑圧感"を共通項として、若手教員の"否定的感情"に共鳴したとも言える様相を見出すことができた。

　結果として創設された若手教員支援制度では、保護者が運用に携わり、若手教員が先輩教員に安心して悩みを話せる仕組みが整えられ、"否定的感情"が緩和した様子が見られた。その効果として、導入後1年で教員の退職率が激減し、かつ児童生徒の学力が大きく向上したことを確認した。この事例について試論的に考察すれば、当該地域における若手教員は、先輩教員に"否定的感情"を共感・受容してもらう空間を保障されることで、退職という形で「権力性」・「権威性」を放棄するのではなく、かといって、非白人児童生徒を不当に抑圧するような「権力性」をまとうのでもなく、非白人児童生徒の発達を保障するための「権威性」の行使の仕方を学ぶことができていたと言える。こうして前章までに解明した学生の"マジョリティとしての被抑圧感"という着眼点は、学生の認識修正にとって重要であるのみならず、支援者側が教員・学生に対する理解を変えるうえでも有効であり、教員支援論において重要概念になる可能性があることを示した。

第2節　米国教員養成・支援における"マジョリティとしての被抑圧感"との向き合い

以上の知見の総括を踏まえて、米国教員養成・支援の議論と実践の現代的到達点の特質と意義を総合的に考察する。

(1) 米国教員養成における学生の"否定的感情"理解の転換とその意義

本項では、分析の方法と視点の一つ目に照らして、米国教員養成において、学生の"否定的感情"への理解やその扱い方がどのように転換していたかを改めて概括する。学生の"否定的感情"は教員離れを引き起こす大きな要因とも考えられ、その理解を深めることは、教員離れを抑止するためにも重要な作業となる。

米国では、教員離れを抑止しつつ、かつ、教員養成担当者側の期待を実現するためには、教員養成実践において、学生が成長過程で抱く"否定的感情"の位置づけを再考すべきだと考えられていた。学生は人種をめぐる認識を修正する際に、非白人居住地域に対する嫌悪感や自らが人種差別意識を持つと見られることへの怒りや恐れなど、"否定的感情"を抱きがちである。従来の主導的論者は、それらを学生の努力・反省不足の象徴として捉えて、そうした"否定的感情"を克服すべく、学生に対してより一層の努力と反省を強く求めていた。

だが近年では、学生の"否定的感情"への理解が転換していた。まず、学生の努力・反省不足の"帰結"として捉えるのではなく、人種について考え始めた"出発点"として捉えることが提起されていた。そう捉えれば、教員養成担当者が学生の"否定的感情"を責めてしまうと、せっかく人種をめぐる認識を修正し始めたことを否定してしまうおそれがある。そうではなくむしろ、"否定的感情"と向き合い緩和することを支援することこそが、人種をめぐる認識修正の確実な実現にとって必要だと考えられていた。

次に、米国では、適切な支援に向けて学生理解を深めるべく、学生の"否定的感情"について検討が進められていた。第2章や第3章の事例分析、第4章の議論の検討を踏まえれば、学生の"否定的感情"は次のような構造にあると

言える。

　表出される感情としては、少なくとも本研究においては、学生の認識の深度に応じて二段階に分けて把握できる。第一段階としては、学生は「人種で人を判断しない」として人種差別意識を持っていないと表明・主張し、人種問題と向き合うこと自体を嫌がることが挙げられる。この段階では、実際には非白人居住地域に対する嫌悪感・蔑視を潜在的に持っていたとしても、それを人種差別とは自覚していないことが多いとされる。第二段階としては、非白人居住地域に入った際に当該地域で疎外感や不快感を抱くこと、白人であるというだけで人種差別主義者と見られて怒りや恐れを感じること、あるいは、無自覚のうちに人種差別に加担してきたかもしれないと気づき罪悪感を抱くこと、が挙げられた。本研究独自の見解として、以上の"否定的感情"は、白人という"マジョリティ"であるがゆえに直面せざるを得ないものであり、いわば"マジョリティとしての被抑圧感"として捉えられることを提起した。

　"マジョリティとしての被抑圧感"の深層には、自分自身の根源的な"弱さ"や"おそれ"があることを確認した。なぜなら、第４章で確認した通り、人種差別とは、純粋な他者への憎悪とは言えず、人間が誰しも持つ"弱さ"や"おそれ"を他者に投影した行為と考えられるからである[1]。そうであるならば、教員養成実践では、学生に他者理解を求めるのみならず、自分自身の感情に敏感になり、自らの"弱さ"や"おそれ"との付き合い方を考えることを支援することが必要になる[2]。たとえば、第３章で扱ったボール州立大学の地域実習を主とした実践において、学生が自文化における孤独感を自覚し、地域住民にそれをケアされることで人種をめぐる認識を修正した事例は、その一例として考えることができよう。

　近年、日米ともに、グローバル経済の発展下で、社会や学校で排他的競争が起きる側面があるとも言われ、自分の"弱さ"を開示し他者と共感しあう経験が乏しくなることが懸念される。そうした状況下では、学生が教員になったとき、学校教育で児童生徒の間に"弱さ"を支え合う局面を創出できるようになることが重要と考えられる。そのためには、まず教員養成実践において、学生

が自らの"弱さ"や"傷つき"を自覚し、他者から癒される局面を意図的に作り出すことが必要になると言える。

　以上を要約すると、次のように整理できる。昨今の教員養成で、学生は人種をめぐる認識修正を強く期待され、しばしば反動的・反抗的態度や断念に陥るが、その要因を学生の努力・反省不足に全面的に帰することはできず、教員養成担当者の学生理解をこそ見直す必要があると考えられている。その際、着眼されるのが、学生が修正過程で抱く"否定的感情"である。これは、学生の努力・反省不足の帰結ではなく、認識修正の出発点と捉えられる。その"否定的感情"は、学生がマジョリティであるがゆえに抱く"マジョリティとしての被抑圧感"として捉えることができるものである。教員養成担当者は"マジョリティとしての被抑圧感"を否定したり叱責したりせずに、学生が自らと向き合いながらそれらを緩和できるよう支援することが重要になる。こうした知見は、とくにわが国では学生の多くが青年期にあること、彼らのなかには学校や社会で優位の立場で過ごしてきた者が少なくないことを踏まえたとき、社会的要請の観点のみならず、青年期教育としての教員養成論を展開する手がかりになるとも言える。

(2) 米国教員養成における"場"の拡張とその意義

　ここでは、分析の方法と視点の二つ目に照らして、米国教員養成における場の拡張とその意義について検討する。本研究で明らかにした通り、近年、米国では教員養成の"場"が地域に確実に広げられてきている。それは単に、実習の場所を広げる・増やすというだけではなく、教員養成を担当する大学教員が自らの働きかけを反省的に見直したり、あるいは、従来、教員養成論では十分に焦点が当たらなかった保護者や地域住民が、教員志望学生や若手教員に対する理解を転換したりしていた。その意義について、以下二点を指摘できる。

　第一に、教員養成の場を地域に広げる議論が展開されたことによって、従来の大学を主とする教員養成の議論・実践の限界とその克服方向性が明らかになった。従来の議論は教員養成担当者側の期待の内容が論じられやすく、学生

の受け止め方が十分に検討されておらず、教員養成担当者側が学生のニーズを的確に把握できていないこと、そのために学生への働きかけ方が不適切になっていること、しかし、それらを自覚・検討する論理構成になっていなかったことが問題として指摘できた。

　たとえば従来の議論では、学生の学ぶ自由を阻害・抑圧するものとして、スタンダードなどの政策による画一化・統一化傾向が挙げられがちであったが、第2章のクイーンズカレッジ実践を踏まえると、たしかにその懸念はあるものの、スタンダード自体が学生への抑圧の根本的要因とは言い切れないところがあった。むしろ、大学教員が学生に対して、スタンダードに依存せずに自ら主体的に学習したり、人種をめぐる認識を修正することを強く期待する結果、学生はその期待を過度に規範的に受け取り、実現の難しさに直面して"否定的感情"を抱き、教職断念につながるおそれがあることを提起した。それを克服すべく、クイーンズカレッジのように、学生自身の考えを尊重しながら彼らの考えと政策・社会の期待と調整できるような省察を工夫することが支援の一例として挙げられた。

　これは大学における支援としては示唆的であるが、第3章のボール州立大学実践や第4章の理論的検討を踏まえれば、第2章の実践は、学生の"否定的感情"を事前に抑止するものになっており、それゆえに人種問題への深い向き合いにつながらなかったおそれがある。本章 (1) でも見てきたように、学生が人種をめぐる認識修正を実現するうえで、"否定的感情"を自覚し緩和する過程は重要であった。教員養成担当者は"否定的感情"を事前に抑止するのではなく、あるいは、"否定的感情"の解消を本人に任せるのでもなく、"否定的感情"を抱いた局面にこそ共感的に寄り添い、その緩和を支援することが重要になることが明らかになった。

　第二に、大学のみが教員養成を担うことを前提とせず、保護者や地域住民による教員志望学生・若手教員への理解や期待の変化を本格的に実現するような制度・実践の方向性が見えてきた点である。第3章のボール州立大学の地域実習では、地域住民が学生を、否定的・叱責的に捉えず肯定的・ケア的に捉えた

ことで、学生の人種をめぐる認識修正を促すことができていた。さらに、第5章で見たCC9実践では、保護者がNPO組織で活動するなかで、いわば、自身の"被抑圧感"と若手教員の無力感などの"否定的感情"とが共鳴したために、保護者は若手教員に対する理解を排他的なものから支援的なものへと変えていた。そして、その理解の変容によって、若手教員の退職率を激減させる制度の導入につながったことを明らかにした。このようにして、大学教員だけではなく保護者や地域住民が関わり、保護者や地域住民が教員志望学生に対しての理解を変え、支援を行ったところに、これまでの教員養成・支援制度とは異なる動態を見出すことができた。[3]

ここで、権力関係の変容を目指す制度空間の再編成という視点から試論的に考察を試みる。序章でも参照した議論だが、[4]佐藤学は、教員の過剰な権力性は、保護者や社会の教員に対する「過酷な期待と過剰な告発」によって、教員が自らの職への誇りを失ったことに起因すると指摘していた。山下晃一は、教員制度の在り方を考える際には、保護者や地域住民など「社会側の尊敬・信頼等の予期内容に働きかけ、変容を促すこともまた必要・可能な作業となる」と提起していた。これらの議論をもとに、本研究では、少なくとも教員－児童生徒の権力関係を変えるためには、教員のみが変化・成長するのではなく、保護者や社会側の教員に対する「過酷な期待と過剰な告発」などの「社会側の予期内容の変容」を促すことと両立させることが必要になるという立場に立ち、検討を進めてきた。

まさに、米国教員養成・若手教員支援では、それを実質的に体現するための議論と実践を展開し始めていたと言うことができる。そもそも米国では、競争原理のもと自己責任・他者排斥の力学が働く傾向にあるとも言われる。だが、そういう社会だからこそ、学校現場において弱者となりうる教員志望学生・若手教員と社会で弱者に置かれがちな非白人保護者・地域住民とが、"被抑圧感"で共鳴することによって変化が起きたとも考えられる。その共鳴を通じて、保護者や地域住民は、自分ごととして教員養成・支援に関わり始め、教員志望学生・若手教員を排斥・断罪するのではなく受容的に支援するように変わってい

た。他方、教員志望学生や若手教員は、児童生徒に不当な「権力性」を行使するのではなく、児童生徒の発達にとって必要な範囲での「権威性」を磨く方途を見出すことが可能になっていた。こうして、教員養成・支援において、人間の弱さを含みつつ尊厳・発達を支え合う"制度空間"が自発的に生起していた[5]。ここに、単なる教員の育ちの保障だけではなく、保護者・住民と教員との関係性を編み直し、ともに教育・社会について考え・動かしていくという意味で、いわば教育関係の再編を目指した教員養成・支援論の可能性を見出すことができる。

　以上から、養成段階・入職後に共通して、教員を支える制度・実践を検討する際には、学生・教員の"マジョリティとしての被抑圧感"への着眼が有効になることを提起できる。昨今のわが国における教員の働き方改革では、法制度の整備や勤務時間・仕事量の削減が急がれるが、とりわけ保護者や住民などの社会から教職に対する期待・要求が高まっていることにどう対応できるかや学生・教員の多忙感などの感情面をどう支えることができるのかは未だ十分に検討されていない。そうした問題意識を持って本研究で明らかにした知見を捉え直すと、米国実践において保護者や地域住民が教員の"マジョリティとしての被抑圧感"に着眼することで、教員に対する理解を変え、批判するのではなく支援する必要性に気づいていたことは、今後の検討の手がかりになると考えられる。

(3) 教員志望学生・教員が"マジョリティとしての被抑圧感"と向き合う意義

　ところで、教員志望学生の人種をめぐる認識修正では、"マジョリティとしての被抑圧感"が重要な着眼点になるという提起は、教員志望学生に限らずすべての白人に言えることとも考えられる。ここでは、学生が"マジョリティとしての被抑圧感"を緩和する経験を持つことで、教員になった時にどのような意義を持ちうるのかを考察する。

　まず、現実的な観点から、すべての白人に人種をめぐる認識修正を迫ること

は容易ではないため、人数を限定して、次世代の認識形成に関わる立場になりゆく教員志望学生から修正を促すということが挙げられる。彼らが次世代の児童生徒に人種をめぐる認識を公正に伝えることができれば、次第に、公正な認識を有した層が増えていくことが期待される。

次に、本質的な観点から、"マジョリティとしての被抑圧感"を緩和することが、教員になるうえでどのような意義を持つかを考察する。"マジョリティとしての被抑圧感"とは、学生が自らの社会的優位性（白人性）を自覚・修正する際に抱くものであった。その自覚・修正の途上で、"マジョリティとしての被抑圧感"の深層には、自らの"弱さ"や"おそれ"があることに気づくことが求められた。そうすると、他者への不当な「権力性」を行使するとき、自らの"弱さ"や"おそれ"を他者に投影している可能性があることを自覚することになる。そうして学生は、マジョリティによるマイノリティへの不当な「権力性」や「抑圧性」を抑止するためには、単にマイノリティ理解を深めるだけではなく、自分の"弱さ"や"おそれ"と向き合い、その緩和こそが大切であることを自覚すること、そして、養成段階において的確にそれを緩和する経験を持つことが重要になることを明らかにした。

とはいえ、この議論は、社会一般における人種問題、個人の内面的問いであって、必ずしも教育固有とは限らない。だが、この議論は、教育学とまったく無関係であろうか。そうではなく、むしろ、教員や教育の本質に関わってくると考えられる。というのも、教員は往々にして、児童生徒を未熟・非力なものとみなし、不当に「権力性」や「抑圧性」を行使してしまうからである。

ここで考えるべきは、白人－非白人とは異なり、教員－児童生徒はどこまでいっても対等にはなれず、教員は優位であることを引き受けなければならない点である。序章でも引用した竹内常一の提起に注目したい。竹内は、教員が児童生徒を不当に支配・抑圧する「権力性」とは区別して、児童生徒が教員に付与する「権威性」は一定必要という立場に立つ。彼は「『指導』そのものを頭から毛嫌いし、なにもかも生徒の『自発性』・『自主性』にまかせ」る論調を批判し、児童生徒の拒否する権利も保障したうえで、指導・指示を行う責任・権

利・義務を引き受けるべきだと指摘する[6]。すなわち、教員が児童生徒に対して、ある程度の負荷をかけることは必要とするのである。ここに、教員の「権威性」を否定せずに、その適切な持ち方を磨く必要性を見出せる。

　そして、「権威性」を磨く際にこそ、"マジョリティとしての被抑圧感"への着眼は重要になると考えられる。その点は、竹内の次の指摘から考察できる。すなわち、「ケアする者が自分の心をケアし、養生できないとき、無意識に自分の怒りを他者に転移する。自分に無理を強いることは、子どもにも無理を強いることになる」という指摘である。竹内はさらに、「自分のつらさに……配慮（ケア）をすることができていたら、子どものトラブルにも配慮（ケア）することができ」、「自分の弱さをみつめながら、子どもに関わるとき、子どもに共感することができるようにな」るのではないかとの見解を示す[7]。同様の見解は、佐藤学にもみられる。佐藤は「教室は、教師にとっても子どもにとっても、自我をさらし合い他者との衝突をさけられないヴァルネラブルな（傷つきやすい）空間となるが、同時に、その交わりと衝突を通して、憩い合い癒し合いながら学び合う公共的空間を準備するものとなる」ことを理想とするのである[8]。

　このような指摘を踏まえれば、学生・教員は、教員という職を担うからこそ、自分の"弱さ"を強く乗り切ることよりも、むしろ、その脆弱性を自覚して敏感になることの方が大事とも言える。もとより、人々が自らの"弱さ"に向き合うことは、実は、表層的・形式的に"強い"振りをすることより難しいことかもしれない。だが、学生・教員は児童生徒に対して優位でありつつも、彼らを不当に抑圧せず発達を支えるためにこそ、自らの"弱さ"を自認し癒せるような"しなやかさ"が必要になるとも言える。そのことを通じて、児童生徒に対する不当な「権力性」ではなく、児童生徒の発達に資する「権威性」の在り方を模索することにつながる可能性がある。

　こうした意味において、本研究で見出した"マジョリティとしての被抑圧感"の自覚と緩和という提起は、教員養成・支援論において非常に示唆的と言うことができる。すなわち、"マジョリティとしての被抑圧感"への着眼は決して教員志望学生・若手教員を甘やかす議論ではなく、真に公正な教育を実現する

ためにこそ必要になるのである。

　一般的に考えれば、若者の教員離れや若手教員の離職が問題視されるとき、教員志望学生や若手教員を手厚く守る論調が求められる。だが、以上の検討から教員養成・支援実践への示唆を得るならば、"マジョリティとしての被抑圧感"は避けたり抑止したりするべきものではなかった。むしろ、教員養成・支援実践において、学生が"マジョリティとしての被抑圧感"を抱く局面を意図的に作り出し、その緩和を支えることこそが重要になると提起できる。

第3節　わが国の教員養成・支援への示唆——試論的検討

　最後に、以上の米国教員養成の議論と実践の今日的動向から、わが国への示唆を検討する。もとより、日米の教員養成を深く掘り下げれば掘り下げるほど、相互の相違も浮かぶため、単純な比較や安易な示唆獲得は難しい面もある。とはいえ、序章で述べたように、本研究で検討してきた問題状況は日本にも重なるものであり、米国からの示唆を積極的に検討することは重要である。

　第一に、社会経済的な位置という視点で見ると、わが国の教員志望学生も米国と同様に優位である者が多い。本研究での知見に鑑みれば、教員離れの要因として、教員志望学生が"マジョリティとしての被抑圧感"を抱いているおそれがある。

　目下、わが国でも外国にルーツのある児童生徒や障がいのある児童生徒など、社会的マイノリティに置かれる児童生徒への理解と対応が求められる。学生は、彼らに対して悪意では差別意識を持っておらず、もっぱら善意で救済対象と捉えているとしても、彼らを他の児童生徒と対等には見ずに、劣位に見てしまうことはあると予想される。たしかに様々な境遇にある児童生徒が増加する現在、学生の劣位視を修正することは急務である。わが国でも、そうした課題意識から、政策・実践ともに対応が進められている[9]。だが、その実現においては、学生の他者に対する間違った認識を否定・修正することのみに注力され、学生に対して社会的マイノリティへの共感的理解を求めがちである。米国の動向に照

らせば、そのことが近年の教員離れの隠れた要因になっているとも考えられる。

　こうした事態を解決するためには、わが国でも、学生を責めずに彼らの抱く"マジョリティとしての被抑圧感"に丁寧に向き合い、その緩和を支援することが重要になると言える。米国の実践にならうならば、教員養成担当者側の基本姿勢としては、①初発段階で学生が社会的マイノリティに置かれがちな児童生徒に対して偏見や嫌悪感を持っていたり、認識修正の途中で否定的感情を抱いたとしても、学生を叱責したり否定しないこと、②彼らが安心した環境で徐々に理解を進められるようにすること、が挙げられる。学生の"否定的感情"の緩和と認識修正の重要局面としては、③社会不公正の問題に対する理念的・規範的な理解を求めるよりも、社会的マイノリティと接する機会を設けて、身近なところから彼らと尊重し合う関係を作れるように支援すること、そして、④自分自身の自文化における窮屈さや自分自身の"弱さ"に気づき、和らげたり受容する局面を作ることが挙げられる。これらが上述したわが国の教員志望学生が抱える困難の緩和や解消につながる可能性を持つと言える。

　第二に、教員の「権力性」への適合性という視点で見ても、米国同様にわが国の教員志望学生は、自らが児童生徒だったときに、そこまで抵抗感なく教員の「権力性」に従属し受容してきたと考えられる。教員の「権力性」は、児童生徒の発達に資するとは限らず、教員が言うことを児童生徒に聞かせ、自らの教育活動を難なく行うためだけに行使されることもある。だが、たしかにそれは、規律を守るなど一定の教育効果を発揮するように見えることもある[10]。そのため、教員志望学生の中には「権力性」に疑問を持たず素直に従ってきた者もいると考えられる。問題は、教員志望学生が教員としての制度的な「権力性」にまったく疑問を持たず、抵抗感なく身につけてしまうことである。とりわけ昨今では、体罰など管理的権力は悪という認識は広まり、あからさまな権力は行使しづらいと思われるが、だからこそ本人も無自覚で意図せぬ内に児童生徒の主体性を棄損する形で自分の権力を行使してしまうことも懸念され[11]、より事態は複雑化しているように思われる。これまでの教員養成論や教育学の一般的な論調のように、教員の「権力性」を否定する側面のみに焦点化する単純な論

調では、事態は解決しないおそれがある。[12]

　こうしたわが国の問題状況に照らしてみても、本研究で見てきた米国教員養成の議論と実践は示唆的である。教員志望学生や若手教員が教員としての「権力性」を身に付けるメカニズム・様態を丁寧に分析し、その根本的解決を試みていたからである。そこで明らかになったのは、教員志望学生・若手教員が非白人児童生徒を目の前にしたとき、自らの優位性をめぐる引け目や疎外感などの"マジョリティとしての被抑圧感"を抱くことを自覚し、それを緩和することの重要性であった。米国事例によれば、教員志望学生が「権力性」を身につけてしまうのは、単に教員志望学生が非白人児童生徒を抑圧・支配したいからではなかった。教員志望学生がそもそも"マジョリティとしての被抑圧感"を抱かず、自身が非白人を救おうとする裏に非白人を非力な存在だと劣位にみなす考えが潜むことを自覚できなかったり、あるいは"マジョリティとしての被抑圧感"を抱いても自覚的に緩和できないために、「権力性」の行使に至っていた。

　これらからすれば、わが国の教員養成においても、単に「権力性」を否定するだけではなく、かといって学生が"マジョリティとしての被抑圧感"を抱く局面を事前に抑止して、いわば学生にひたすら優しい議論と実践を展開するのではなく、学生が"マジョリティとしての被抑圧感"を抱く局面を意図的に創出して、それを緩和・克服していく過程を支援することが重要になると言える。とりわけ、序章で述べたように、社会状況の影響も受けて、現代若者が自己責任論に則りがちで、他者に助けを求めることが難しくなっていることを踏まえたとき、その意義は明瞭になる。というのも、教員養成段階で、大学教員や保護者・住民に支えられながら、自らの"マジョリティとしての被抑圧感"を緩和することを通して初めて、現代若者は、他者の力を借りながら自らの困難や失敗、それに伴う感情を緩和・克服する方途を身につけることができるとも考えられるからである。そして、この過程を通して、教員として、制度的な「権力性」ではなく、子どもの発達に必要な限りでの「権威性」の発現の仕方を考えられるように支援する。これらが、現代的な教員養成に求められる重要局面

になると言うことができる。

第4節　今後の課題

　本研究の今後の課題としては、以下の三点が挙げられる。
　第一に、対象選定という観点からすれば、ニューヨーク市やマンシー市の事例にとどまらず、他の州や都市における教員養成・支援の実践・制度の試み等を視野に入れて、教員養成・支援の発展に向けた総合的な検討を行うことが求められる。複数事例の検討を行うなかで、教員養成・支援にて"マジョリティとしての被抑圧感"に着眼し、実践・制度を展開することの妥当性・汎用性を高めることが必要である。
　第二に、教員養成の主たる目的への貢献という観点からすれば、本研究で焦点化した人種をめぐる認識修正は、いわば教職に就くうえでの基本的心構えの確立とも言えるものであり、それらが、教員としての専門性や資質・能力の獲得においてどのような効果を持つのかを検証することが求められる。学生・若手教員が基本的心構えを確立したことによって、教員としての専門性や資質・能力の獲得にどう影響し、展開する教育活動がどう変わるのかを解明することが必要である。
　第三に、教育活動としての教員養成という観点からすれば、教員養成担当者側の実存に注目した検討を進める必要がある。[13]本研究で扱った米国の議論と実践において、大学の教員養成担当者は白人であった。今では、教員養成を担当する大学教員もまた、自らの白人性を自覚・反省することが求められている。近年の米国の政治情勢を念頭に置けば、教員養成担当者自身も白人性を自覚・反省することの難しさに直面し、反動的な言動に駆られることもあったのかもしれない。とはいえ、教員養成担当者の矜持として、反動に陥らず異なる道を選択すべく、教員養成の基調を転換する必要性に迫られたのではないか。その帰結として、本研究で解明してきた学生理解の転換と支援の展開が生起してきたのではないか。しかしながら、あくまでこれらは想像の域を出ない。教員養

成担当者側への視点は、従来の教員養成の議論と実践では十分に展開されてきていない。今後、重要視点として取り入れて検討を進めることが必要になると言える。

註

1) 第4章で確認した通り、本研究では、""をつけて"おそれ"と記している。その理由は、対ヒト・モノ・コトに抱く恐れとは区別して、自らの中に潜む根源的・生来的な"おそれ"を指すことを意図している。
2) 竹内常一は、「自分が分かった気になって安住していた世界に亀裂が走り、そこに安住してきた自分が傷つくことになる。この『傷つく』ということのなかで、人は、(中略)排他的な自己を超えて、私ではない他者と結ばれ、人間となるチャンスを手に入れる。だが、それが他者の我有化におちいらないようにするためには、自分の内部においてイメージされている内的な他者を自分の外側に位置づけ、その他者が私にたいして自分を開き、傷ついている私をケアし、私に応答する存在であることが求められる。そうであってこそ、私は他者の他者性に触れ、他者に対して応答し返すことができる」という(竹内常一『新・生活指導の理論』高文研、2016年、97-98頁)。
3) 高野和子は、かつて全国私立大学教職課程研究連絡協議会による「地域教師教育機構構想」において、「多様な主体でより広い領域に及んで、教育における地域自治を実現」することが目指されていたこと、その着想を与えたとされるイギリスの地域教員養成機構は、「教育養成における国家介入を抑制して自律を可能とする装置」であるとの捉え方を示し、地域を視野に入れて教員養成を展開することの可能性・意義を論じていた(高野和子「教員養成における地域」三上和夫・湯田拓史編著『地域教育の構想』同時代社、2010年、173-192頁)。だが、その後、教員養成論において、その提起は十分に発展されてきていない。
4) 佐藤学『教師というアポリア』世織書房、1997年、3-17頁。山下晃一「教員の専門性と社会的予期の相互調整をめぐる問題」『教育制度学研究』第19号、2012年、160-161頁。
5) 榎景子は、「学校を起点として大人たちの発想や地域の諸々のヒト・モノ・コトを、教育・発達の充実という観点からこそ問い直し、整備していくという、(中略)地域の総体的な教育関係を編み直すような萌芽」が見えた事例を取り上げるが、その際には「グローバル経済下での都市間競争の激化を背景」に「困窮層への排除の圧力」が強まり「市民の側では抗い難いほどに急進的な学校と地域の再編が進められていながらも、だからこそ、住民の主体的な教育計画策定が生起」したと指摘している(榎景子『現代アメリカ学校再編政策と「地域再生」』学文社、2020年、243、244、251頁)。
6) 竹内常一は、子どもの権利条約とデューイの論考の検討を通じて、教師が「指

示・指導」することを大人の「責任・権利・義務」だと指摘する。そこでは、「外部からなされる管理」という意味での「control」と区別して、「子どもの能力が発達するのを共同作業を通じて助けること」として指導（guidance）を、それよりも少し強度のあるものとして、「拒否しがたい説得性をもったおだやかな権力の指示というか、おだやかな権力の行使」として指示（direction）を位置づけている（竹内常一、2016、前掲、89頁）。
7) 竹内常一「〔解説〕11本の『小さな物語』がメッセージしていること」竹内常一・全国生活指導研究協議会編『教師を拒否する子、友達と遊べない子』高文研、2003年、209-210頁。
8) 佐藤学「教室という政治空間」森田尚人・藤田英典・黒崎勲・片桐芳雄・佐藤学編著『教育学年報3　教育のなかの政治』世織書房、1994年、25頁。
9) 中央教育審議会答申『「令和の日本型学校教育」の構築を目指して』2021年1月26日（同年4月22日更新）。
10) 前原裕樹・山田康彦・森脇健夫「教職課程において、教師の権威・権力をどのように教えるのか」『愛知大学教職課程研究年報』2014年、第4号、49-62頁。
11) 前原らは、教職課程において、一見、児童に寄り添い権力的ではないように見える教員が、実はうまく自分の言うことを聞くように仕向けているだけという事例をもとに、学生に教員の権力・権威について考えさせており、示唆的である（前原ら、同上）。
12) これまでの教員支援論では、若手教員は子どもに寄り添いたいという欲求を持つという前提に立ち、行政機関や管理職が「権力性」を行使して若手教員の考えや教育活動を抑圧・否定すると捉えがちであった。行政機関や管理職の「権力性」を批判することで、若手教員を守ると同時に、教員としての「権力性」を否定し子どもへの寄り添いを基盤とした教育活動を重視する姿勢が取られていた。それらの議論では、教員の不可避な権力性・権威性への焦点化は十分ではなかったと言える（久冨善之『日本の教師、その12章』新日本出版社、2017年。教育科学研究会『講座　教育実践と教育学の再生2　教育実践と教師　その困難と希望』かもがわ出版、2013年）。
13) 山下晃一・黒田友紀・高橋望・鄭修娟・髙野貴大「『教師であること』を支える制度的基盤の多国間比較へ向けて」『教育制度学研究』第28号、2021年、245-251頁。

補論
現代アメリカにおける多文化教育を基盤とした教員養成の展開

　本研究の本論では、人種問題を背景として展開する現代米国教員養成の議論と実践について検討した。そこでは、教員志望学生が非白人居住地域に入り、自らの社会的優位性、すなわち「白人性」を反省し、人種をめぐる認識を修正することが期待されていた。なかでも、上記の議論と実践の主導的論者は学生に対して叱責的・否定的に向き合う傾向にあり、そこに課題があると指摘した。

　しかし、そもそも、そうした教員志望学生に対する叱責的・否定的な論調はいかに形成されたのか。この問いに向き合うとき注目すべきは、主導的論者が多文化教育論を基盤として議論と実践を発展させたことである。補論では、多文化教育論の知見がどのように教員養成の議論と実践に影響を及ぼしたのかを検討し、主導的論者の直面する課題の理論的背景を解明することを試みる。

　具体的作業としては、以下の通りである。第一に、本論で扱った論者と多文化教育論の論者の関係を整理し、本研究が対象とした動向の基盤に多文化教育論があることを確認する。第二に、多文化教育論の論者は教員養成論にいかなる提起をしたかを検討する。第三に、主に教員養成を論じてきた論者は、多文化教育論の提起をどのように導入したのか、本論を補う形で検討する。

第1節　主導的論者の基盤としての多文化教育論

　本節では、本論が対象にした動向の基盤に多文化教育論があることを確認する。前提として、現代米国教員養成研究を牽引する代表的論者の布置関係を再

確認する。第1章で示したように、代表的論者と目されるのは、コクラン＝スミス（Cochran-Smith, M.）、スリーター（Sleeter, C.）、ザイクナー（Zeichner, K.）である。コクラン＝スミスは、政策・研究動向についてマクロな視点から検討を行うものが多く見られる。とりわけ現在の教師教育政策には、新自由主義をベースに展開される側面があると指摘し、その動向に対して批判的な見解を示す論者である[1]。ザイクナーとスリーターは、コクラン＝スミスに比べて、より具体的に教員養成の改善の方向性を打ち出す論者であり、本研究が対象としてきた議論の主導的論者であった。スリーターは、人種問題への焦点化をもっとも明瞭に打ち出している。彼女は、教員養成の議論のみを展開してきたわけではない。当初は現職教員の「白人性」を指摘し、その克服に向けた議論が多かった。次第に入職前の教員養成段階において、教員志望学生が「白人性」を克服する必要性を提起すべく議論を展開するようになった[2]。対してザイクナーは、当初より教員の専門性論を積極的に行い、教員の省察（reflection）を重視する立場を取ってきた。近年では、省察に際して「社会正義（social justice）」に照らすことを重んじ[3]、そうした教員の専門性を育てるべく教員養成の制度と実践の改革を提唱しており、大学・学校のみならず地域での実習を積極的に推進してきた。地域実習を導入した教員養成について、複数の事例を対象に検討を行い、効果の高い実践の要件を明らかにしている[4]。改めて主導的論者であるスリーターとザイクナーの特徴を述べれば、スリーターは、教員志望学生の「白人性」の反省・修正過程について詳細に検討し、ザイクナーはその反省・修正を実現するための制度的要件を打ち出すことを試みたと言える。

　本研究に関連する彼らの議論と彼らが頻繁に引用する論者やその引用状況を整理すると、**表補-1**の通りとなる。スリーターとザイクナーは、1980年前後から精力的に議論を展開してきた。1980年代は、スリーターは多文化教育論を展開していた。対してザイクナーは教員養成における現場経験を重視する議論を展開しているが、多文化教育論の引用はほとんど見られない。1990年代に入り、多文化教育論の論者であるゲイ（Gay, G.）、ラドソン－ビリングス（Ladson-Billings, G.）らが、教員養成を意識した議論を展開するようになる。ザイクナー

もこうした議論に影響を受けて、多文化教育論を引用しながら、教員養成における地域実習の導入の重要性を提起するようになる。とりわけ、ザイクナーに影響を与えたのはマレル（Murrell, P.）である。彼は、1990年代頃から活発に議論を展開するようになった論者であるが、彼は多文化教育論を基盤としながら、その批判的発展を図り、「コミュニティ（community）」という概念を大事にして教員養成論を展開した人物である。**表補-1**の通り、2000年代以降、ザイク

表補-1 主導的論者と多文化教育論者の時系列整理と引用状況

出版年	論者	主題	引用する論者
1977	ゲイ（Gay, G.）	多文化教育を基盤とした教育改革を提言	
1980	ザイクナー（Zeichner, K.）	現場経験の重視を通じて、教員養成制度の保守性の改革を提唱	
1987	スリーター、グラント（Sleeter, C., Grant, C.）	多文化教育の知見を用いて、非白人児童生徒への教育の在り方を検討	ゲイ
1992	スリーター	教員の人種をめぐる認識について検討	
1994-1995	ラドソン-ビリングス（Ladson-Billings, G.）	文化に関連する教育（Culturally Relevant Teaching）の提唱	ゲイ、マレル
1996	ザイクナー、メルニック（Melnick, S.）	教員養成における地域実習の歴史と事例検討	ラドソン-ビリングス
2000	ゲイ	文化応答的な教育（Culturally Responsive Teaching）について書籍化	ラドソン-ビリングス
2001	スリーター	教員養成における「白人性」の問題視	ラドソン-ビリングス
2001	マレル（Murrell, P.）	「コミュニティ教員（community teacher）」という教員像と、地域を基盤とした教員養成の提唱	ラドソン-ビリングス、ザイクナー
2006	ザイクナー	教師の専門性論と教員養成をめぐる3潮流の整理、教員養成における現場経験とその省察の提起	ゲイ、マレル、ラドソン-ビリングス
2008	スリーター	教員志望学生の「白人性」に関する考察	マレル、ザイクナー
2015	ザイクナー	エンゲストロームの学習理論や熟議民主主義論を援用して教員養成の「民主化」を提唱	マレル、スリーター
2016	ザイクナーら	保護者・住民の教員養成への関わり方の類型化、具体的事例分析	マレル、スリーター、ジグムント
2017	ザイクナーら	教員養成における地域の知識の位置づけに関する検討	マレル、スリーター、ジグムント

出所：各資料より筆者作成。

ナーが教員養成における地域の位置づけ方に関する議論を展開する際には、ほとんど毎回、マレルの議論を引用するようになった。これらを踏まえれば、本研究が対象とした議論と実践の主導的論者と位置付けたザイクナーとスリーターは、多文化教育論を基盤として議論を発展させたと言える。

本研究の各章で扱った論者も加えて、布置関係を示すならば、次の**表補-2**のように整理することができる。本研究で示したように、2010年代頃から、主導的論者の見解に対して、学生の人種をめぐる認識に対する問題意識は共有しながらも、学生への理解や支援の方法について批判的に検討する議論が見られるようになり、学生や若手教員を責めるのではなく、支援的・ケア的に関わることが理論的・実践的に提起されるようになった。

表補-2 多文化教育の論者と本研究で扱った論者の関係

1980年代		1990年代～		2010年代～
多文化教育論（スリーター、ゲイ、ラドソン－ビリングス）	合流　→　多文化教育論を重視した教員養成論の活発化	スリーター：学生の「白人性」の問題視、その払拭を求める（1章）	批判的発展　→　左記動向に対する批判の生成：教員志望学生への理解の転換	■大学における教員志望学生支援の展開（2章）クイーンズカレッジ：社会正義を理念としたスタンダードとの向き合いを支援
		ゲイ、ラドソン－ビリングス：学生の目指すべき理想の教員像を示す（アフリカ系アメリカ人を念頭に、児童生徒の文化やアイデンティティを肯定できる教員を求める）		■地域における教員志望学生支援の展開（3章）ジグムントら：学生の"否定的感情"の緩和支援に注力
教員の省察論、教員養成における現場経験の重視（ザイクナー）		マレル（この頃に登場）：多文化教育の知見を活かしつつ、文化ではなく「地域（community）」に焦点化して議論を展開。理想の教員像を示すとともに、地域参入型教員養成の制度・実践を提起する		■理論的な批判・発展（4章）ジャップら：学生のアイデンティティの複雑性への注目ザイドルら：学生の"否定的感情"への理解転換を提起ファンズワース：学生の"否定的感情"を構造的に把握
		ザイクナー：多文化教育の知見への言及を増し、「地域」を教員養成に位置づけることを理論的・実践的に提起する		■地域における若手教員支援の展開（5章）ファブリカント：非白人保護者が若手教員の困難を支える営みを分析

補論　現代アメリカにおける多文化教育を基盤とした教員養成の展開　　165

　言い換えれば、主導的論者が多文化教育論を導入して教員養成の議論と実践を展開した初発の段階で、教員志望学生が地域に参入して、彼らの人種をめぐる認識を修正することを厳しく求めるものとなったということである。

　先述の通り、補論では、多文化教育論がどのように教員養成の議論と実践に影響を与えたのかを簡潔に整理することで、このような学生への期待がいかに形成されてきたのかを検討する。具体的には、本研究の本論ではほとんど触れることのできなかった**表補-2**の太枠内の議論を対象に検討する。すなわち、多文化教育論の代表的論者と言えるゲイやラドソン-ビリングス、それを教員養成論へと発展させたマレル、従来の教員養成の議論との差異化を図り、多文化教育論の提起を教員養成論に導入することの意義を明確にしたザイクナー、それぞれの議論について検討する。ザイクナーについては、第1章でも検討したが、多文化教育論の知見を用いることで、どのように従来の教員養成の議論との差異化を図り、教員養成の制度・実践への具体的提起へと発展させたかという点については十分に検討できていないため、補論ではその点に注目した検討を行う。

第2節　多文化教育論による教員養成への提起

(1) 理想の教員像の提示

　ここではまず、多文化教育論の代表的論者として挙げられるゲイやラドソン-ビリングスを対象として、多文化教育論の論者から教員養成にいかなる提起がなされたかを検討する。わが国でも彼女らについては、多文化教育や教科教育の観点から注目されてきたが[6]、教員養成への提起は十分に検討されてきていない。教員養成という観点からすれば、彼女らは教員志望学生が目指すべき教員像を示したということができる。ここでは、米国教員養成の議論でもしばしば引用される彼女らの教育観の定義を確認することで、その特徴を確認する。

　ゲイは文化応答的な教育 (Culturally Responsive Teaching) を提唱した。その定義は、「民族的に多様な児童生徒の文化的知識、これまでの経験、参照枠組、

パフォーマンススタイルを用いることで、彼らにとってより関連して効果的な学びに出会わせること」とされる。[7] 具体的な教育実践として、多様な文化を長所として捉え、民族的に多様な文化・家庭・地域の知識をカリキュラム開発、教室風土、教授方略、児童生徒との関係性に活用することを求めている。それは単に教室内の教育活動の改善にとどまるものではなく、社会における人種・文化的なステレオタイプ、偏見をはじめとする不正義や抑圧等に挑戦するものであることを要する。

　ラドソン-ビリングスは、文化に関連する教育（Culturally Relevant Teaching）を提唱した。それは「補償教育という考え方を導く文化的欠損、文化的不利という説明を克服し、学力向上に取り組むだけでなく、児童生徒が自分の文化的アイデンティティを受け入れ、肯定しながら、学校（およびその他の機関）が永続させる不公正に挑戦する批判的な視点を身につけることを支援する理論モデル」であると定義する。[8] ゲイは、アフリカ系アメリカ人に限らず、様々な民族・文化に言及するが、ラドソン-ビリングスは、基本的にアフリカ系アメリカ人を念頭におくことを明記して議論を展開している点に違いを見出すことができる。

　上記の違いは見られるものの、彼女らの提起には共通する点が多い。教員志望学生に対して、第一に、非白人に対する文化的欠損という見方を改めること、第二に、教育活動を通じて、学力向上を実現するだけではなく、非白人の文化的アイデンティティを尊重・肯定することを目指すこと、第三に、人種問題を念頭に置き、社会構造上の不公正の問題に挑戦すること、を期待する点にある。これらは、第1章で示した教員養成担当者による教員志望学生への期待の理論的基盤となっていると言える。

(2) 多文化教育論を基盤とした教員養成論の限界と発展方向性

　上記のような理想の教員像を実現するために、具体的な教育養成の在り方を検討した論者の一人にマレルを挙げることができる。彼は多文化教育論を基盤としつつ、他方で「多文化教育」という概念では、アフリカ系アメリカ人をはじめとする非白人児童生徒の文化やアイデンティティを尊重できる教員は十分

に育っていないことを問題視した。

　こうした事態を招いた要因として、「多文化教育」という考え方は重要だが、その言葉を用いると、「何が最も重大な課題か」「アフリカ系アメリカ人やヒスパニックの児童生徒の発達を促進するのは何か」という問いから離れてしまうおそれがあると指摘する。彼の問題意識は、大学・学校で「多文化教育」が扱われる際には、単なる異文化の表面的理解に終始し、非白人のアイデンティティを尊重し、社会構造の変革を見通すような形では教育活動を見直すことに結びついていないことにあった。

　以上の問題意識から、彼は「文化」ではなく「コミュニティ」という概念を用いて「コミュニティ教員（Community Teacher）」という理想像を提起した。コミュニティ教員は、「①自らが従事する子どもたちやその家族の文化・コミュニティ・アイデンティティについて文脈化された知識を有する。②これらの知識を用いて、多様な状況において教育効果をあげることに必要かつ望ましい教育実践を創出することができる（one who possesses contextualized knowledge of the culture, community, and identity of the children and families he or she serves and draws on this knowledge to create the core teaching practice necessary for effectiveness in diverse setting）」と定義される。彼は、教員志望学生・現職教員が、児童生徒の生活するコミュニティに目を向けることで、文化やアイデンティティを尊重・肯定する教育活動ができるようになると述べた。つまり、マレルは、多文化教育という概念では不十分としたが、多文化教育論を否定したわけではなく、むしろその理念をより一層確実に実現するために、コミュニティに注目して議論を展開していると言える。こうした考えがザイクナーの議論にも引用されることになる。

(3)「コミュニティ」に注目した教員養成の制度・実践へ

　マレルの議論におけるコミュニティには二つの意味が含まれている。第一に、「地域」という意味である。学生が非白人児童生徒の住む地域に長期間参入して、教員養成を行うことを提唱しており、本研究の対象とする議論と実践の基盤に

なっている。しかし、それだけではなく、第二に、教員養成担当者側、すなわち大学教員、学校教員、保護者・地域住民などが密接に関係を築いたコミュニティで教員志望学生を育てることが重要だという考えを打ち出している。単に、地域という場に参入すれば良いということではなく、教員志望学生を支える側の人々が学び合う関係性を構築することが大事だと提起している。

　前提として、1980年代に導入された教職専門開発学校（Professional Development School：PDS）への期待と批判がある。第1章でも述べた通り、PDSは大学での学びに閉じずに学校での実習を重視するもので、理念としては非白人文化への理解を促すことも掲げられていた。マレルはその点を評価しながらも、大学 – 学校の協働であり地域が十分に参画していない点、学生の発達を体系的に支える制度になっていない点が限界だと指摘し、このモデルを批判的に発展することを目指した[11]。

　彼は、コミュニティ・オブ・プラクティスの議論を援用し[12]、大学教員、学校の実習担当教員、保護者・地域住民が対話・学習しながら、教員養成を運営することを重視する。理想的な例として、アフリカ系アメリカ人の保護者・住民が教員養成に参画した事例が挙げられる。保護者・住民は教員養成に携わり始めた当初、教育の専門家ではないために意見することをためらったという。組織づくりの専門家であるコミュニティ・オーガナイザーが率先して「各参加者が対等になるコミュニティづくり」が行われた。そうした過程を通して、アフリカ系アメリカ人の保護者や地域住民から、白人教員の教材における奴隷制度の扱い方への問題提起がなされたり、白人教員や学生に対して、アフリカ系アメリカ人の児童生徒への「親密感」を伴う関わり方を教えることがあったという[13]。こうして、教員志望学生だけではなく、未だに白人が多くを占める大学教員・学校教員が、アフリカ系アメリカ人の保護者・住民から学びながら、学生の発達を支えることが大事だと提起した。

　こうした過程では、アフリカ系アメリカ人の保護者や住民のなかから、「非白人理解の進まない学生には、教職を断念してもらいたい」という率直な意見も出てきたという。マレルは、学生のなかには、非白人文化に対する理解が一

向に進まず、非白人居住地域で教鞭をとるべきではない者がいることも認識している。しかし、そうした事態を防ぐためにこそ、学生が早期からコミュニティに参画することが必要だと議論を展開していく[14]。つまり、学生のなかには、反動・反抗を示す者がいることは分かりつつも、それが起こるメカニズムは詳細に分析しておらず、マレルの提起するコミュニティに浸れば解決しうると考えている。彼の提案は、学生のみならず、白人の教員養成担当者側にも変化を求めている点で注目に値するが、学生への理解という点では、第１章で示した主導的論者の議論を正当化する面があり、課題が残ると言うことができる。

第3節　大学－学校－地域の連携という発想とその課題

(1) 教員養成の"場"の「民主化」という発想

　では、以上の多文化教育を基盤とする提起は、どのように教員養成の議論と実践に導入されたのか。主に教員養成を論じてきた立場から、従来の教員養成論との差異化を図り、多文化教育論の提起を導入する意義を明確化したザイクナーに注目して検討する。

　彼は、教員養成の議論における多文化教育論の位置を次のように整理する。かねてより、教員養成政策における対立軸として、専門職化か規制緩和かという論点が挙げられてきた。専門職化とは、大学を基盤とする教員養成を進めるとともに、スタンダードの確立によってその質保証・向上を図る立場である。スタンダードの指標としては、1960-70年代は行動心理学に基づき数値化できる指標が使われたが、1980年代に入ると、認知心理学に基づき教え－学びの関係性を視野に入れたパフォーマンス評価が取り入れられるようになり、学問を基盤として発展してきた。一方、規制緩和とは、とくに非白人児童生徒の多い学区を中心に教員不足に直面していることを受けて、従来の大学を基盤とする教員養成にこだわらず、早期の現場体験を導入し、短期間で教員を輩出するオルタナティブルートなどの参入を推進する立場である。前者は教員養成の充実化・質保証を目指すのに対して、後者は教員養成の短期化・簡略化を目指すも

のであり、両者は対立してきた。[15]

　ザイクナーによれば、これらとは一線を画する形で、1970年代後半に、社会構成主義の考え方が広まったことにも影響を受け、多文化教育論を基盤とする教員養成の研究が発展してきた。それは従来の教員養成論における次の限界を乗り越えることを目指すものであった。従来の議論は、次の三つの問いに収斂してきた。①教師が「何を(what)」知る必要があり、できるようになるべきか、②教師として「誰が(who)」養成・準備されるべきであるか、③「どうやって(how)」教員養成を行うべきか、である。ここでは「『誰の知識』が重んじられるべきか(whose knowledge should count)」という問いが見過ごされてきたと指摘する。その問いを見過ごしたまま、専門職化か規制緩和のどちらが、教員養成の制度設計で言えば、大学を基盤とする教員養成の充実か早期の現場体験の導入のどちらが良いかを議論してきた。[16]大学を基盤とする教員養成の充実では、「大学で学んだことを現場で使用・応用する」という学問知を実践に適用するという構造が残る。その構造を持つ大学における教員養成を「非民主的」と称する。そのままでは、学校や地域にある知識や専門性を十分に活用できないと指摘する。一方で、早期の現場体験を促進すると、現場の実践や知識を過度に重視し、理論・学問を軽視し、学生が学校に潜む権力構造を相対化することが難しくなるという。

　以上の問題意識のもと、ザイクナーは教員養成の場を「民主化」することが必要だと提起する。[17]これを具体的に実現すべく、マレルの議論等を引用しながら、大学・学校のみならず、地域を教員養成の場の一つとして対等に位置づけることを提案した。従来、軽視されがちだった地域の持つ知識を重視し、学問知・実践知・地域知の相互作用を尊重すべきとした。わが国の教員養成でも、大学での理論的な学びか学校での実践的な学びのどちらが重要かという対立は見られてきたが、それらに加えて、地域での学びを位置づけ、かつ「民主化」という観点から、議論を発展させようとしている点は新規的であり、注目に値する。

　とはいえ彼は、大学・学校・地域の権力関係がそれほど簡単に対等にはなら

ないことを認識している。完全に対等な権力関係や目的の合意を求めるのでもないとしたうえで、次の三つを目指すことを提唱する。1) 教員養成における権力構造をできるだけなくす (少しでも対等にする) こと、2) 様々な考えを持つ参加者を意思決定に巻き込むこと、3) 教育に対する考え方に大きな違いがあるとしても多様な見解を尊重すること、である[18]。

この実現は簡単ではないが、学習理論を打ち立てたエンゲストロームの議論をもとに[19]、様々な異なる立場の人々の間で矛盾・緊張が生まれたとき、それを変革の「エンジン」とすることが重要だと述べる。大学・学校・地域は相互に矛盾・葛藤する点が大きいが、それを否定するのではなく、学生を育てることを目的として、その矛盾・葛藤を克服しようと協働的に努力することで、学生が人種をめぐる認識を修正し、非白人文化を尊重した教育活動ができる教員に育っていくと提起する。

(2) 大学-学校-地域の関係構築をめぐる論点

ザイクナーは、こうした理論的検討に基づき、具体的な教員養成制度のあり方を検討すべく、これまでに展開されてきた教員養成実践を、保護者・住民の位置づけられ方に注目して三つの類型に分類している。ここでは、ザイクナーがこの3類型をどう整理し、それぞれに対していかなる評価をしているかを検討することで、主導的論者による教員志望学生への厳しい期待が形成された理論的背景を明らかにすることを目指す。3類型とは、関与型 (Involvement)、従事型 (Engagement)、連帯型 (Solidarity) である (**表補-3**)。個々の制度・実践がいずれかの類型に属すると捉えるのではなく、各制度・実践が複数の類型を用いうるという前提に立つ。3類型の違いは、教育における不公正の原因に関する認識の違い、大学-学校-地域がどのように不公正に取り組むかに関する認識の違いによるものだとする[20]。

3類型について簡潔に説明を加える。関与型では学校の知識を基盤におき、それらを保護者・住民に共有し、保護者・住民の関与を促すという形を取る。学校側から保護者・住民に対して、宿題の支援を求めたり、児童生徒への関わ

表補-3　保護者・住民の教員養成への関わり方の3類型

	関与型 (involvement)	従事型 (engagement)	連帯型 (solidarity)
展開状況	最も多い	多文化教育や社会的基礎 (social foundation) の講義に含まれる	少ない
不公正の捉え方	白人・非白人の学力格差が課題である	教員や学生の非白人に対するステレオタイプ等が不公正な教育の原因である	教育課題と地域の雇用・住宅等をめぐる課題は連動している
"地域知"	教員志望学生が多様性を学習するための資源		教員志望学生・メンターのリクルートの場、地域課題解決の協働者
取り組み	教員が効果的な教え方や学校外での支援方法を保護者や住民に伝える	教員・教員志望学生は保護者・地域組織スタッフ・地域メンターの知識に学ぶ	保護者や地域住民が教員養成のカリキュラム設計・内容決定に関わる
具体例	PTA、家庭-教員の会議	家庭訪問、保護者・住民による地域の紹介 (community walk) など	Grow Your Own（当該地域出身者を教員に育てる）や、教員志望学生の地域活動への参画
目的	学業成績向上を目指して、教員志望学生は保護者や住民と学習内容について話す性向やスキルを発達させる	教員志望学生が自らの偏見に気づく、文化的多様性への関心を増す、地域で学んだことを教育活動改善に用いる	教員養成や学校教育のカリキュラムや学習環境を、大学・学校のみならず、保護者や住民と協働的に考え、変容させる
課題	人種・文化・家庭・地域に対するステレオタイプを再生産するおそれがある／教育の目的が学力向上に限定的である	関わりが短いと、学生のステレオタイプを強化し、家庭・地域への関心を失う／家庭や地域の負担が大きい	数が少ない

出所：Zeichner et al., 2016、Payne, Zeichner, 2017を基に筆者作成。

り方についての知識を共有するというものである。関与型は、学校の知識を中心に置く型で、不公正を再生産するおそれがあると批判する。

　一方で、ザイクナーが推進するのは、保護者・住民の知識を中心に教員養成実践を組み立てる従事型と連帯型である。従事型では、大学の多文化教育等の講義において、保護者や地域住民がメンターとして従事し、教員志望学生に対して教育実践の心構えやスキルの獲得を促すことが目指される。連帯型では、保護者や地域住民が教員養成を運営する一員となり、教員養成における教育内容・評価の在り方をともに考え、学校改革のみならず、地域課題の解決も目指

される。従事型と連帯型は、教員養成と学校の両方のカリキュラムや学習環境の変革に資する可能性が高いと期待を寄せる[21]。先の「民主化」という観点と重ねて考えれば、大学教員や学校教員がときに自らと意見が異なる保護者や地域住民に学び、必要に応じて、自らの考えや知識を反省・修正しながら、教員志望学生を育てることが求められていると言える。

　ザイクナーの特徴として、多文化教育論を基盤とした提起が従来の教員養成論をどう乗り越えるものであるかを明確に打ち出し、大学－学校－地域の関係構築の在り方について具体的に打ち出した点は注目に値する。マレルの議論に共通して、教員志望学生が学ぶだけではなく、大学教員や学校教員が自らの権力性を崩し、地域に学ぶという姿勢は重要な提起だと言うことができる。

　ただ一方で、大学－学校－地域のできるだけ対等な協働を目指し、それを教員養成の「民主化」としたが、実質的には、劣位に置かれてきた非白人文化を対等に「引き上げる」ことを目的としている点は留意が必要である。ザイクナーが引用したマレルの議論の具体例にも見られたように、教員養成担当者側において学習が求められるのは、非白人ではなく白人の大学教員・学校教員であることが多い。それはたしかに重要なことであり、人種差別という負の歴史を乗り越えて、民主化を目指す一歩としては必要不可欠なことだと考えられる。

　だが、学校という場所は、個々の地域の文化を承認するだけでなく、全体や普遍の知に導くという役割も持つ[22]。教員志望学生は非白人居住地域において、教員としての役割・責務を考えるなかで、個別地域を承認するのみならず、全体・普遍に導かねばならないという矛盾や葛藤に否応なく直面すると予想される。学生がこうした矛盾・葛藤に直面するとき、非白人の教員養成担当者もまた、自文化の承認を求めるのみならず、普遍と接続するべく、何らかの学習や変化が求められるかもしれない。ザイクナーの言うように、教員養成において、「民主化」という概念を用いて、矛盾や葛藤を視野に入れるのであれば、こうした地域と学校をめぐる本質的な矛盾や葛藤を視野に入れて論じていく必要があると考えられる。しかしながら、多文化教育論を基盤として展開した教員養成の議論・実践では、これらの矛盾や葛藤は十分に視野に入れられていなかった。

主導的論者は、こうした点を等閑視したまま、教員志望学生が、非白人居住地域に早い時期から入って学習すれば、自らの「白人性」を反省することができると考えていた。そのため、本研究の本論で論じてきたように、たとえば白人ならではの「権力性」と教員ならではの「権威性」の識別をすることが難しくなり、教員志望学生の"否定的感情"を強めかねず、主導的論者による教員養成の議論と実践の課題を生み出したとも言える。

このように、教員養成の議論と実践が基盤とする議論に注目することによって、その特質がより鮮明に見えてくると言える。今後、米国の教員養成の議論と実践の帰趨を見極める際にも、教員養成の議論と実践のみの検証を行うのではなく、それらが基盤にする概念や思考枠組と合わせて検討することが必要になるだろう。

註

1) Cochran-Smith, M., *Reclaiming Accountability in Teacher Education*, Teachers College Press, New York, 2018. Cochran-Smith, M., Fries, M. K., "Sticks, Stones, and Ideology: The Discourse of Reform in Teacher Education", *Educational Researcher*, Vol.30, No.8, 2001, pp.3-15. Cochran-Smith, M., Lytle, S. L., "The Teacher Research Movement", *Educational Researcher*, Vol.28, No.7, 1999, pp.15-25.

2) Jupp, J. C., Sleeter, C., "Interview of Christine Sleeter on Multicultural Education", *National Youth Advocacy and Resilience Journal*, Vol.1, No.2, 2016, pp.8-26. Sleeter, C., "Preparing Teachers for Culturally Diverse Schools", *Journal of Teacher Education*, Vo.52, No.2, 2001, pp.94-106. Sleeter, C., "Resisting Racial Awareness : How Teachers Understand the Social Order from Their Racial, Gender, and Social Class Locations", *Educational Foundations*, Vol.6, No.2, 1992, pp.7-32.

3) 髙野貴大『現代アメリカ教員養成改革における社会正義と省察』学文社、2023年。

4) Zeichner, K., "Myths and Realities, Field-based Experiences in Preservice Teacher Education", *Journal of Teacher Education*, Vol.31, No.6, 1980, pp.45-55. Zeichner, K., Melnick, S., "Community Field Experiences and Teacher Preparation for Diversity: A Case Study", McIntyre, J., Bryd, D. (eds.), *Preparing Tomorrow's Teachers,* Corwin Press, California, 1996, pp.41-59. Zeichner, K., "Reflections of a University-Based Teacher Educator on the Future of

College- and University-Based Teacher Education", *Journal of Teacher Education*, Vol.57, No.3, 2006, pp.326-340. Zeichner, K., *The Struggle for the Soul of Teacher Education*, Routledge, New York, 2018.

5) Gay, G. "Changing Conceptions of Multicultural Education", *Educational Perspectives*, Vol.16, No.4, 1977, pp.4-9. Gay, G., *Culturally Responsive Teaching*. Teachers College Press, New York, 2000. Ladson-Billings, G., *The Dreamkeepers: Successful Teachers for African American Students*, Jossey-Bass, San Francisco, 1994. Ladson-Billings, G., "Toward a Theory of Culturally Relevant Pedagogy", *American Educational Research Journal*, Vol.32, No.3, 1995, pp. 465-491. Murrell, P., *The Community Teacher*, Teachers College Press, New York, 2001. Sleeter, C., Grant, C. A., "An Analysis of Multicultural Education in the United States", *Harvard Educational Review*, Vol.57, No.4, 1987, pp.421-445. Sleeter, 1992, op.cit., pp.7-32. Sleeter, 2001, op.cit., pp.94-106. Sleeter, C., "Preparing White Teachers for Diverse Students", Cochran-Smith, M. et al. (eds.), *Handbook of Research on Teacher Education, Third Edition*, Routledge, New York, 2008, pp.559-582. Zeichner, 1980, op.cit., pp.45-55. Zeichner, Melnick, 1996, *op.cit.*, pp.41-59. Zeichner, 2006, op.cit., pp.326-340. Zeichner, K., Payne, K. A., Brayko, K., "Democratizing Teacher Education", *Journal of Teacher Education*, Vol.66, No.2, 2015, pp.122-135. Zeichner, K., Bowman, M., Guillen, L., Napolitan, K., "Engaging and Working in Solidarity with Local Communities in Preparing the Teachers of Their Children", *Journal of Teacher Education*, 2016, Vol.67, No.4, pp.277-291. Payne, K., Zeichner, K., "Multiple Voices and Participants in Teacher Education", Clandinin, J., Husu, J. (eds.), *The Sage Handbook of Research on Teacher Education*, Sage Publication, California, 2017, pp.1101-1116.

6) 齋藤眞宏「多文化共生共育——バンクス、ゲイ、グラント、スリーター、ニエトの視点から」『旭川大学紀要』第61号、2006年、63-87頁。児玉奈々「教科教育における文化に関連する教育（culturally relevant education）理論」『滋賀大学教育学部紀要　教育科学』第68号、2018年、115-127頁。磯田三津子「『文化に対応した指導』（culturally responsive teaching）の考え方に基づいた音楽授業の可能性」『日本教科教育学会誌』第43巻、第4号、2021年、51-59頁。

7) Gay, G., *Culturally Responsive Teaching*, Teachers College Press, New York, 2018, pp.36-37.

8) Ladson-Billing, 1995, op. cit., p.469.

9) Murrell, 2001, *op.cit.*, p.30.

10) *Ibid.*, p.52

11) *Ibid.*, pp.50-51.

12) コミュニティ・オブ・プラクティスとは、あるテーマに関する関心や問題、

熱意などを共有し、その分野における知識や技能を、持続的な相互作用を通じて深めていく人々の集団を指す。ウェンガー，E., マクダーモット，R., スナイダー，W. M.、野村恭彦監修、野中郁次郎解説、櫻井祐子訳『コミュニティ・オブ・プラクティス』翔泳社、2012年（原著2002年）。
13) Murrell, 2001, op.cit., pp.67-68.
14) Ibid., pp.121-122.
15) Zeichner, 2006, op.cit., pp.330-331.
16) Zeichner et al., 2015, op.cit., p.123.
17) Ibid., p.124.
18) Ibid., p.123.
19) Engeström, Y., "Expansive Learning at Work: Toward an Activity Theoretical Reconceptualization", *Journal of Education and Work*, Vol.14, No.1, 2001, pp.133-156.
20) Zeichner et al., 2016, op.cit., p.278.
21) Ibid., p.280.
22) 山下晃一「〈学校と地域〉の関係を問い直すための予備的考察」末松裕基編著『教育経営論』学文社、2017年、60-61頁。

参考文献

An, S., "Teaching Elementary School Social Studies Methods under edTPA", *The Social Studies*, Vol.107, No.1, 2016, pp.19-27.
青砥恭「高校教育の現状と求められる教師像」『日本教師教育学会年報』第10号、2001年、162-163頁。
Au, W., "What's a Nice Test Like You Doing in a Place Like This?: EdTPA and Corporate Education Reform", *Rethinking Schools*, Vol.27, No.4, 2013, pp.22-27.
Behizadeh, N., Thomas C., Cross, S., "Reframing for Social Justice: The Influence of Critical Friendship Groups on Preservice Teachers' Reflective Practice", *Journal of Teacher Education*, Vol.70, No.3, 2017, pp.280-296.
Boylan, M., Woolsey, I., "Teacher Education for Social Justice: Mapping Identity Spaces", *Teaching and Teacher Education*, Vol.46, 2015, pp.62-71.
Boyle-Baise, M., McIntyre, J., "What Kind of Experience: Preparing Teachers in PDS or Community Settings?", Cochran-Smith, M., Feiman-Nemser, McIntyre, J., Demers, K. E. (eds.), *Handbook of Research on Teacher Education: Enduring Questions in Changing Contexts, Third Edition*, Routledge, New York, 2008, pp.307-330.
中央教育審議会答申『「令和の日本型学校教育」の構築を目指して～全ての子供たちの可能性を引き出す，個別最適な学びと，協働的な学びの実現～』2021年1月26日（同年4月22日更新）。
Cochran-Smith, M., Lytle, S. L., "The Teacher Research Movement: A Decade Later", *Educational Researcher*, Vol.28, No.7, 1999, pp.15-25.
Cochran-Smith, M., Fries, M. K., "Sticks, Stones, and Ideology: The Discourse of Reform in Teacher Education", *Educational Researcher*, Vol.30, No.8, 2001, pp.3-15.
Cochran-Smith, M., Villegas, A. M., Abrams, L. W., Chávez-Moreno, L. C., Mills, T., Stern, R., "Research on Teacher Preparation: Charting the Landscape of Sprawling Field", Gitomer, D., Bell, C. A. (eds.), *Handbook of Research on Teaching*, American Educational Research Association, Washington, DC, 2016, pp.439-547.
Cochran-Smith, M., *Reclaiming Accountability in Teacher Education*, Teachers College Press, New York, 2018.
Cronenberg, S., Harrison, D., Korson, S., Jones, A., Murray-Everett, N., Parrish, M., Johnston-Parsons, M. "Trouble with edTPA: Lessons Learned from a Narrative Self-Study", *Journal of Inquiry & Action in Education*, Vol.8, No.1, 2016, pp.109-134.
edTPA, *About edTPA*, https://www.edtpa.com/PageView.aspx?f=GEN_AboutEdTPA.html.（最終確認2025年1月6日）

Engeström, Y., "Expansive Learning at Work: Toward an Activity Theoretical Reconceptualization", *Journal of Education and Work*, Vol.14, No.1, 2001, pp.133-156.

榎景子『現代アメリカ学校再編政策と「地域再生」―学校統廃合か、地域と教育の刷新か』学文社、2020年。

Farnsworth, V., "Conceptualizing Identity, Learning and Social Justice in Community-Based Learning", *Teaching and Teacher Education*, Vol.26, No.7, 2010, pp.1481-1489.

Fabricant, M., *Organizing for Educational Justice: The Campaign for Public School Reform in the South Bronx*, University of Minnesota Press, Chicago, 2010.

Fruchter, N., *Urban Schools, Public Will: Making Education Work for All Our Children*, Teachers College Press, New York, 2007.

船寄俊雄「開放制教員養成システムについて考える」日本教師教育学会編『日本の教師教育改革』学事出版、2008年、88-103頁。

船寄俊雄「戦前・戦後の連続と断絶の視点から見た『大学における教員養成』原則」『教育学研究』第80巻、第4号、2013年、402-412頁。

船寄俊雄編著『現代日本の教育史2 教員養成・教師論』日本図書センター、2014年。

Gay, G., "Changing Conceptions of Multicultural Education", *Educational Perspectives*, Vol.16, No.4, 1977, pp.4-9.

Gay, G., *Culturally Responsive Teaching: Theory, Research and Practice*. Teachers College Press, New York, 2000.

Gay, G., *Culturally Responsive Teaching: Theory, Research, and Practice, Third Edition, Multicultural Education Series*, Teachers College Press, New York, 2018.

Gerwin, D., "Professionalization, Policy, Performance Assessment, and Privatization in Social Studies", Gurl, T., Caraballo, L., Grey, L., Gunn, J., Gerwin, D., Bembenutty, H., *Policy, Professionalization, Privatization, and Performance Assessment*, Springer, 2016, pp.89-117.

Gilpin, L. S., Liston, D., "Guardian of the Status Quo or Agent of Change?: An Exploration of the Role of Identity in the School", Jenlick, P. M. (ed.), *Teacher Identity and the Struggle for Recognition: Meeting the Challenges of a Diverse Society*, Rowman & Littlefield, Maryland, 2014, pp.15-26.

Graby, M., Rothman, R., Smith, H., *Engaging Cities: How Municipal Leaders can Mobilize Communities to Improve Public Schools*, Annenberg Institute, 2006.

Grey, L., "Historical Context of Teacher Assessment and Evaluation", Gurl, T., Caraballo, L., Grey, L., Gunn, J., Gerwin, D., Bembenutty, H., *Policy, Professionalization, Privatization, and Performance Assessment*, Springer, 2016, pp.9-27.

Ginwright, S., *Hope and Healing in Urban Education: How Urban Activists and Teachers are Reclaiming Matters of the Heart*, Routledge, New York, 2016.

Gurl, T., Caraballo, L., Grey, L., Gunn, J., Gerwin, D., Bembenutty, H., *Policy, Professionalization, Privatization, and Performance Assessment: Affordances and Constraints for Teacher Education Programs*, Springer, 2016.

浜田博文「ガバナンス改革における教職の位置と『教員育成指標』をめぐる問題」『日本教師教育学会年報』第26号、2017年、46-55頁。

浜田博文・安藤知子・山下晃一・加藤崇英・大野裕己・高谷哲也・照屋翔大・朝倉雅史・髙野貴大「新たな学校ガバナンスにおける『教育の専門性』の再定位 (2) ―小学校教員の専門性認識に関する分析を中心に」筑波大学人間系教育学域『筑波大学教育学系論集』第43巻、第2号、2019年、1-24頁。

Hargreaves, A., Shirley, D., *The Fourth Way: The Inspiring Future for Educational Change*, Corwin, California, 2009.

長谷川哲也・黒田友紀「米国のスタンダードにもとづく教員養成プログラムとその運用について―パフォーマンス評価の展開と課題」『日本教育大学協会研究年報』第33集、2015年、39-50頁。

ハーマン, J. D.、中井久夫訳『心的外傷と回復』みすず書房、1996年（原著1992年）。

Herszenhorn, D., "How a District in the Bronx Got Results: From Pushing", *The New York Times*, 2005/5/20.

樋口明彦・上村泰裕・平塚眞樹編著『現代社会研究叢書4　若者問題と教育・雇用・社会保障　東アジアと周縁から考える』法政大学出版局、2011年。

平塚眞樹「地域社会と教育の現在」教育科学研究会『現代社会と教育』編集委員会編『現代社会と教育〈1〉現代と人間』大月書店、1993年、211-233頁。

Hollyce, C. G., "Why Should Urban Educators Care about Community Organizing to Reform Schools?", Kincheloe, J. L., Hayes, K., Rose K., Anderson, P. (eds.), *The Praeger Handbook of Urban Education*, Greenwood Press, Connecticut, London, 2006, pp.35-46.

堀尾輝久『現代教育の思想と構造―国民の教育権と教育の自由の確立のために（同時代ライブラリー版）』岩波書店、1992年。

石井英真「教員養成の高度化と教師の専門職像の再検討」『日本教師教育学会年報』第23号、2014年、20-29頁。

磯田三津子「『文化に対応した指導（culturally responsive teaching）』の考え方に基づいた音楽授業の可能性―米国の多様な子どもたちの学習参加を促す音楽授業の在り方をめぐって」『日本教科教育学会誌』第43巻、第4号、2021年、51-59頁。

伊藤亜希子・佐藤仁「多様性を志向する教師教育に関する基礎的研究―アメリカとドイツの研究動向から」『国際教育評論』第16号、2020年、33-47頁。

伊藤佐奈美・釆翠真澄・花井忠征・楊奕・影浦順子「地域と連携した実践的指導力を育成する教員養成プログラム―実施10年を振り返って」中部大学現代教育学研究所『現代教育学研究紀要』第14号、2020年、37-43頁。

岩田康之『「大学における教員養成」の日本的構造―「教育学部」をめぐる布置関係の展開』学文社、2022年。

Jupp, J. C., Slattery, G. P. Jr., "Committed White Male Teachers and Identifications: Toward Creative Identifications and a "Second Wave" of White Identity Studies", *Curriculum Inquiry*, Vol.40, No.3, 2010, pp.454-474.

Jupp, J. C., Lensmire, T. J., "Second-Wave White Teacher Identity Studies: Toward Complexity and Reflexivity in the Racial Conscientization of White Teachers", *International Journal of Qualitative Studies in Education*, Vol.29, No.8, 2016, pp.985-988.

Jupp, J. C., Sleeter, C., "Interview of Christine Sleeter on Multicultural Education: Past, Present, and Key Future Directions Present, and Key Future Directions", *National Youth Advocacy and Resilience Journal*, Vol.1, No.2, 2016, pp.8-26.

勝田守一・堀尾輝久「補論 国民教育における『中立性』の問題」堀尾輝久『現代教育の思想と構造（同時代ライブラリー版）』岩波書店、1992年、293-373頁。

児玉奈々「教科教育における文化に関連する教育（culturally relevant education）理論―日本の学校の文化的多様性を前提とした教科教育の展望」『滋賀大学教育学部紀要　教育科学』第68号、2018年、115-127頁。

小森淳子「若者たちの生きづらさ」全国障害者問題研究会『みんなのねがい』2022年8月号、No.679、7頁。

久冨善之・佐藤博編著『新採教師の死が遺したもの―法廷で問われた教育現場の過酷』高文研、2012年、162-185頁。

久冨善之『日本の教師、その12章―困難から希望への途を求めて』新日本出版社、2017年。

鞍馬裕美「米国の教師教育における Professional Development School の意義と課題―ミシガン州立大学の事例分析を通して」『日本教師教育学会年報』第11号、2002年、99-109頁。

紅林伸幸「地域とともに教師を育てる―変わる滋賀大学の教員養成」『滋賀大学広報誌　しがだい』第23号、2006年、8-11頁。

黒崎勲『教育行政学』岩波書店、1999年。

楠凡之「困難な課題をもつ子どもの担任を支えるためには何が必要だったのか？」久冨善之・佐藤博編著『新採教員の死が遺したもの』高文研、2012年、162-185頁。

教育科学研究会『講座 教育実践と教育学の再生2 教育実践と教師　その困難と希望』かもがわ出版、2013年。

教育新聞「【揺れる教員志望学生】生涯教員27％ 長時間労働と保護者に不安」2022年7月14日。

教育新聞「【揺れる教員志望学生】『子供たちのため』と私生活の両方重視」2022年7月29日。

教育新聞「【揺れる教員志望学生】学生の不安に向き合う 養成大学の模索」2022年8月17日。

教育新聞「【揺れる教員志望学生】部活動と給特法が負のイメージに」2022年8月19日。

Ladson-Billings, G., *The Dreamkeepers: Successful Teachers for African American Students*, Jossey-Bass, San Francisco, 1994.

Ladson-Billings, G., "Toward a Theory of Culturally Relevant Pedagogy", *American Educational Research Journal*, Vol. 32, No. 3, 1995, pp. 465-491.

レイブ, J.、ウェンガー, E.、佐伯胖訳『状況に埋め込まれた学習　正統的周辺参加』産業図書出版社、1993年（原著1991年）。

Ledwell, K., Oyler, C., "Unstandarized Responses to a "Standardized" Test: The edTPA as Gatekeeper and Curriculum Change Agent", *Journal of Teacher Education*, Vol.67, No.2, 2016, pp.120-134.

Lensmire, T. J., Snaza, N., "What Teacher Education Can Learn from Blackface Minstrel-

sy", *Educational Researcher*, Vol.39, No.5, 2010, pp.413-422.
Loewen, J. W., *Sundown Towns: A Hidden Dimension of American Racism*, The New Press, New York, 2018.
Lowenstein, K. L., "The Work of Multicultural Teacher Education: Reconceptualizing White Teacher Candidates as Learners", *Review of Educational Research*, Vol.79, No.1, 2009, pp.163-196.
Madeloni, B., Gorlewski, J., "Wrong Answer to the Wrong Question: Why We Need Critical Teacher Education, Not Standardization", *Rethinking Schools*, Vol.27, No.4, 2013, pp.16-21.
前原裕樹・山田康彦・森脇健夫「教職課程において、教師の権威・権力をどのように教えるのか―対話型事例シナリオの作成と実践・『23分間の奇跡』を材にして」『愛知大学教職課程研究年報』第4号、2014年、49-62頁。
松尾知明『アメリカ多文化教育の再構築―文化多元主義から多文化主義へ』明石書店、2007年。
McIntyre, A., "Constructing an Image of a White Teacher", *Teachers College Record*, Vol.98, No.4, 1997, pp.653-681.
三上和夫・湯田拓史編著『地域教育の構想』同時代社、2010年。
Mills, C., Ballantyre, J., "Social Justice and Teacher Education: A Systematic Review of Empirical Work in the Field", *Journal of Teacher Education*, Vol.67, No.4, 2016, pp.263-276.
三石初雄「教師研究の構図と特質―『学会年報』の研究動向」日本教師教育学会編『教師教育研究ハンドブック』学文社、2017年、62-65頁。
文部科学省「学校における働き方改革に関する取組の徹底について（通知）」2019年3月18日。
森田尚人・藤田英典・黒崎勲・片桐芳雄・佐藤学編著『教育学年報3　教育のなかの政治』世織書房、1994年。
森透「地域と協働する実践的教員養成プロジェクトの構想と実践―小・中学生と学生との協働プロジェクト『探求ネットワーク』」『日本教師教育学会年報』第14号、2005年、128-138頁。
Murrell, P., *The Community Teacher: A New Framework for Effective Urban Teaching*, Teachers College Press, New York, 2001.
中村雅子「多文化教育と『差異の政治』」『教育学研究』第64巻、第3号、1997年、281-289頁。
中西新太郎「社会を知ることと生きること」教育科学研究会『教育』2021年9月号、78-85頁。
仲田康一『コミュニティ・スクールのポリティクス―学校運営協議会における保護者の位置』勁草書房、2015年。
日本教師教育学会編『日本の教師教育改革』学事出版、2008年。
日本教師教育学会編『緊急出版　どうなる日本の教員養成』学文社、2017年。
日本教師教育学会編『教師教育研究ハンドブック』学文社、2017年。
日本教師教育学会「特集『指標化』『基準化』の動向と課題」『日本教師教育学会年報』第26号、2017年、8-62頁。
ヌスバウム, M. C.、小沢自然・小野正嗣訳『経済成長がすべてか？―デモクラシーが人文

学を必要とする理由』岩波書店、2013年（原著2010年）。
岡野八代「フェミニズムとケア―つながりから社会正義へ」小野紀明・川崎修編集代表『岩波講座　政治哲学6　政治哲学と現代』岩波書店、2014年、127-152頁。
小野田正利『イチャモン研究会―学校と保護者のいい関係づくりへ』ミネルヴァ書房、2009年。
小野田正利『普通の教師が普通に生きる学校―モンスター・ペアレント論を超えて』時事通信社、2013年。
Payne, K., Zeichner, K. "Multiple Voices and Participants in Teacher Education", Clandinin, J., Husu, J. (eds.),*The Sage Handbook of Research on Teacher Education*, Sage Publication, California, 2017, pp.1101-1116.
Rothman, R. (ed.), *City Schools: How Districts and Communities Can Create Smart Education Systems*, Harvard Education Press, Cambridge, 2007.
齋藤純一『思考のフロンティア　公共性』岩波書店、2000年。
齋藤眞宏「多文化共生共育―バンクス、ゲイ、グラント、スリーター、ニエトの視点から」『旭川大学紀要』第61号、2006年、63-87頁。
佐貫浩・世取山洋介編著『新自由主義教育改革　その理論・実態と対抗軸』大月書店、2008年。
佐藤仁『現代米国における教員養成評価制度の研究―アクレディテーションの展開過程』多賀出版、2012年。
佐藤仁「アメリカにおける教員養成教育の成果をめぐる諸相―付加価値評価と教員パフォーマンス評価に着目して」『福岡大学人文論叢』第48巻、第4号、2017年、1069-1087頁。
佐藤仁「アメリカにおける『社会正義を志向する教師教育』に関する一考察―アクレディテーションの果たす機能」『名古屋高等教育研究』第20号、2020年、195-212頁。
佐藤学「教室という政治空間―権力関係の編み直しへ」森田尚人ほか編『教育学年報3　教育のなかの政治』世織書房、1994年、3-30頁。
佐藤学『教師というアポリア―反省的実践へ』世織書房、1997年。
佐藤学『専門家として教師を育てる―教師教育改革のグランドデザイン』岩波書店、2015年。
佐藤学編著『岩波講座　教育　変革への展望4　学びの専門家としての教師』岩波書店、2016年。
Seidl, B., Hancock, S., "Acquiring Double Images: White Preservice Teachers Locating Themselves in a Raced World", *Harvard Educational Review*, Vol.81, No.4, 2011, pp.687-709.
Sharma, S., Lazar, A. M., "21st Century Diversity, Educational Equity, and Transformative Change: Theory, Research, and Practice", *Rethinking 21st Century Diversity in Teacher Preparation, K-12 Education, and School Policy*, Springer, New York, 2019, pp.1-17.
Sleeter, C., Grant, C. A., "An Analysis of Multicultural Education in the United States", *Harvard Educational Review*, Vol.57, No.4, 1987, pp.421-445.
Sleeter, C., "Resisting Racial Awareness: How Teachers Understand the Social Order from Their Racial, Gender, and Social Class Locations", *Educational Foundations*,

Vol.6, No.2, 1992, pp.7-32.
Sleeter, C., "Preparing Teachers for Culturally Diverse Schools: Research and the Overwhelming Presence of Whiteness", *Journal of Teacher Education*, Vol.52, No.2, 2001, pp.94-106.
Sleeter, C., "Preparing White Teachers for Diverse Students", Cochran-Smith, M., Feiman-Nemser, S., McIntyre, D. J. (eds.), *Handbook of Research on Teacher Education, Third Edition*, Routledge, New York, 2008, pp.559-582.
Sleeter, C., "Commentary: Wrestling with Problematics of Whiteness in Teacher Education", *International Journal of Qualitative Studies in Education*, 2016, pp.1065-1068.
Sleeter, C., "Critical Race Theory and the Whiteness of Teacher Education", *Urban Education*, Vol.52, No.2, 2017, pp.155-169.
杉原真晃「新人教員の苦悩に対して教員養成には何ができるか―リアリティ・ショックを想定した教員養成のあり方」『山形大学大学院教育実践研究科年報』第3号、2012年、40-50頁。
スティール, S.、藤永康政訳『白い罪』径書房、2011年（原著2006年）。
髙野和子「教員養成と大学改革―教職課程教育の視点から」『教育学研究』第70巻、第2号、2003年、176-184頁。
髙野和子「教員養成における地域」三上和夫・湯田拓史編著『地域教育の構想』同時代社、2010年、173-192頁。
髙野貴大「現代の教職理論における『省察（reflection）』概念の批判的考察―ザイクナーとリストンによる『省察的教育実践』論を手がかりに」『日本教師教育学会年報』第27号、2018年、98-108頁。
髙野貴大「アメリカにおける『社会正義』を志向する新たな教員養成プログラム―シアトル教員レジデンシーの事例分析」『日本教育経営学会紀要』第60号、2018年、112-127頁。
髙野貴大『現代アメリカ教員養成改革における社会正義と省察―教員レジデンシープログラムの展開に学ぶ』学文社、2023年。
髙橋哲「米国ニューヨーク市における新自由主義教育改革の展開」佐貫浩・世取山洋介編著『新自由主義教育改革　その理論・実態と対抗軸』大月書店、2008年、208-221頁。
髙橋哲『聖職と労働のあいだ―「教員の働き方改革」への法理論』岩波書店、2022年。
竹内常一『若い教師への手紙』高文研、1983年。
竹内常一『子どもの自分くずしと自分つくり』東京大学出版会、1987年。
竹内常一・高橋俊之・菅間正道・池野眞・松山尚寿・上條隆志「座談会　教育における新自由主義とどう対峙するか」全国高校生活指導研究協議会編『高校生活指導』1997年秋号、14-36頁。
竹内常一・全国生活指導研究協議会編『教師を拒否する子、友達と遊べない子―子どもと紡ぐ小さな物語』高文研、2003年。
竹内常一「〔解説〕11本の『小さな物語』がメッセージしていること」竹内常一・全国生活指導研究協議会編『教師を拒否する子、友達と遊べない子』高文研、2003年、206-222頁。
竹内常一『新・生活指導の理論―ケアと自治／学びと参加』高文研、2016年。

Tuck, E., Gorlewski, J., "Racist Ordering, Settler Colonialism, and edTPA: A Participatory Policy Analysis", *Educational Policy*, Vol.30. No.1, 2016, pp.197-217.

上森さくら「K. ツァイヒナーにおける多文化教育と教員養成プログラム―社会正義を志向する教員養成プログラムの特徴と意義」『教育方法学研究』第36号、2011年、73-83頁。

Ukpokodu, O. N., "Preparing Socially Conscious Teachers: A Social Justice-Oriented Teacher Education", *Multicultural Education*, Vol.15, No.1, 2007, pp.8-15.

牛渡淳「教職専門性基準」日本教師教育学会編『教師教育研究ハンドブック』学文社、2017年、22-25頁。

Valencia, R. (ed.), *The Evolution of Deficit Thinking: Educational Thought and Practice*, RoutledgeFalmer, Abingdon, 1997.

ヴァンス, J. D.、関根光宏・山田文訳『ヒルビリー・エレジー アメリカの繁栄から取り残された白人たち』光文社、2017年（原著2016年）。

渡部昭男「教員養成カリキュラムの改善に関する調査研究―青年期の自己形成・自己変革を促す観点から―」『鳥取大学教育学部研究報告 教育科学』第27巻、第2号、1985年、411-437頁。

ウェンガー，E.，マクダーモット，R.，スナイダー，W.M.、野村恭彦監修、野中郁次郎解説、櫻井祐子訳『コミュニティ・オブ・プラクティス』翔泳社、2012年（原著2002年）。

山下晃一『学校評議会制度における政策決定―現代アメリカ教育改革・シカゴの試み』多賀出版、2002年。

山下晃一「教員の専門性と社会的予期の相互調整をめぐる問題―日米の状況から」『教育制度学研究』第19号、2012年、159-164頁。

山下晃一・可児みづき・榎景子「教師-保護者間の関係構築に向けた教員養成上の課題と実践―米国における試みに焦点を当てて」『神戸大学大学院人間発達環境学研究科 研究紀要』第5巻、第2号、2012年、85-94頁。

山下晃一「〈学校と地域〉の関係を問い直すための予備的考察」末松裕基編著『教育経営論』学文社、2017年、43-63頁。

山下晃一・黒田友紀・高橋望・鄭修娟・髙野貴大「『教師であること』を支える制度的基盤の多国間比較へ向けて―カナダ・ニュージーランド・韓国・米国」『教育制度学研究』第28号、2021年、245-251頁。

読売新聞 特集記事「許すな わいせつ教員」2020年9月25日から連載。

Yuan, H., "Preparing Teachers for Diversity: A Literature Review and Implications from Community-Based Teacher Education", *Higher Education Studies*, Vol.8, No.1, 2018, pp.9-17.

油布佐和子「教師教育改革の課題―『実践的指導力』養成の予想される帰結と大学の役割」『教育学研究』第80巻、第4号、2013年、478-490頁。

油布佐和子「教師教育の高度化と専門職化」佐藤学編『岩波講座 教育 変革への展望4 学びの専門家としての教師』岩波書店、2016年、135-163頁。

油布佐和子「教員養成の再編―行政主導の改革のゆくえ」日本教師教育学会編『緊急出版 どうなる日本の教員養成』学文社、2017年、46-69頁

Zachary, E., olatoye, s., *A Case Study: Community Organizing for School Improvement in the South Bronx*, Institute for Education & Social Policy New York University, School of Education, 2001.

Zeichner, K., "Myths and Realities: Field-based Experiences in Preservice Teacher Education", *Journal of Teacher Education*, Vol.31, No.6, 1980, pp.45-55.

Zeichner, K., Melnick, S., "Community Field Experiences and Teacher Preparation for Diversity", McIntyre, J., Bryd, D. (eds.), *Preparing Tomorrow's Teachers*, Corwin Press, California, 1996, pp.41-59.

Zeichner, K., "Reflections of a University-Based Teacher Educator on the Future of College- and University-Based Teacher Education", *Journal of Teacher Education*, Vol.57, No.3, 2006, pp.326-340.

Zeichner, K., *Teacher Education and the Struggle for Social Justice*, Routledge, New York, 2009.

Zeichner, K., "Rethinking the Connections between Campus Courses and Field Experiences in College- and University-Based Teacher Education", *Journal of Teacher Education*, Vol.61, No.1-2, 2010, pp.89-99.

Zeichner, K., Payne, K., Brayko, K., "Democratizing Teacher Education", *Journal of Teacher Education*, Vol.66, No.2, 2015, pp.122-135.

Zeichner, K., Bowman, M., Guillen, L., Napolitan, K., "Engaging and Working in Solidarity with Local Communities in Preparing the Teachers of Their Children", *Journal of Teacher Education*, Vol.67, No.4, 2016, pp.277-291.

Zeichner, K., *The Struggle for the Soul of Teacher Education*, Routledge, New York, 2018.

Zygmunt, E., Clark, P., Tancock, S., Mucherah, W., Clausen, J. "Books Like Me: Engaging the Community in the Intentional Selection of Culturally Relevant Children's Literature", *Childhood Education*, Vol.91, No.1, 2015, pp.24-34.

Zygmunt, E., Clark, P., Clausen, J., Mucherah, W., Tancock, S., *Transforming Teacher Education for Social Justice*, Teacher College Press, New York, 2016.

Zygmunt, E., Cipollone, K., Tancock, S., Clausen, J., Clark, P., Mucherah, W., "Loving Out Loud: Community Mentors, Teacher Candidates, and Transformational Learning Through a Pedagogy of Care and Connection", *Journal of Teacher Education*, Vol.69, No.2, 2018, pp.127-139.

現地収集資料

Academy for Educational Development, *Lead Teacher Project: Second Year Report*, 2006.
edTPA Secondary History/Social Studies Assessment Handbook, September 2016.
edTPA Commentary（3名分）
Grey, L. 氏 シラバス, SEYS 201W : Historieal, Philosophical, and Social Foundation of Education, 2017.

初出一覧

序　章　書き下ろし

第1章　書き下ろし

第2章　「米国教員養成制度における『スタンダード化』への対応実践の展開とその意義—志望者の主体的な学びを大学側はいかに支援できるか—」『教育制度学研究（日本教育制度学会）』第25号、2018年、147-166頁。

第3章　「現代米国教員養成における志望者の人種問題理解を深める試みとその意義—ボール州立大学（Ball State University）の地域体験活動に注目して—」『神戸大学大学院人間発達環境学研究科研究紀要』第15巻、第2号、2022年、109-120頁。

第4章　「米国教員養成制度の"場の拡張"に伴う志望者理解の転換とその意義—人種問題の克服をめぐる論争と地域に根ざす新たな実践へ—」『日本教育制度学会紀要特別号—教育制度学研究の成果と展望』2023年、422-439頁。

第5章　「米国都市部の保護者の学校参加にみる『公共性』の存立構造に関する一考察—ニューヨーク市におけるCC9の組織化過程・組織特性に注目して—」『神戸大学大学院人間発達環境学研究科研究紀要』第11巻、第1号、2017年、65-73頁。

終　章　書き下ろし

補　論　書き下ろし

あとがき

　本書は、2023年3月に神戸大学大学院人間発達環境学研究科より博士（教育学）の学位を授与された論文「現代米国教員養成における志望者理解の転換と新たな支援実践の展開」に、一部加筆・修正を加えたものです。

　本書の完成にあたっては、多くの方々からご指導・ご鞭撻、ならびにお力添えを賜りました。この場を借りて、心より感謝申し上げます。

　まず、アメリカでのヒアリング調査や資料収集にあたり、ご協力いただいた様々な実践家・研究者・地域住民の方々に御礼を申し上げます。ここではすべての方々のお名前をお一人ずつ挙げることは叶いませんが、現地の方々との出会いとご助力がなければ、この研究は成立しませんでした。書籍や論文では伺い知れなかった教育への熱意を直に感じることができたこと、また、調査に慣れておらず拙い英語での質問だったにもかかわらず、とても温かく受け入れてくださり、できる限りの情報・知見を提供してくださったことが、研究を進める大きな活力となりました。

　本書のもとになった博士論文の執筆にあたっては、様々な先生からご指導を賜りました。主指導教員であった山下晃一先生には、学部生時代から11年間にわたり、非常に丁寧かつ親身にご指導いただきました。山下先生には、単なる研究指導にとどまらず、「学問を通じた人格陶冶」をしていただいたと感じています。あらゆるものに対して反発心は強いものの、肝心なところで怯んでしまう私を温かく受け止め、励まし続けてくださりながらも、非常に的確で厳しいご指導・ご助言もたくさん賜りました。ご指導・ご助言には反省させられるばかりでしたが、しかし、同時に、いつも学問の楽しさ・魅力に気づかせてくださり、惹きつけられるように研究を進めることができました。山下先生の下でなければ、本書をまとめることはもちろん、そもそも研究職を志すことも

なかったと思います。心より感謝と尊敬の意をお伝え申し上げます。

　また、博士論文の副査をお引き受けいただいた神戸大学大学院人間発達環境学研究科の吉永潤先生、渡邊隆信先生、川地亜弥子先生、明治大学の高野和子先生にも、心より感謝申し上げます。同研究科の先生方には、本論文の審査で重要なご指摘をたくさん頂戴したのみならず、学部生の頃から折に触れて、ご助言や励ましのお言葉を賜りました。博士論文執筆に半ば諦めの気持ちが浮かんだこともありましたが、先生方の励ましのお言葉は心の支えになりました。高野先生には、若輩者の拙い博士論文を丁寧に読んでいただき、本質的なご指摘を頂戴した上に、本研究に関連する先生の玉稿をお送りくださり、温かな激励のお言葉まで賜りました。分不相応にも憧れを抱いていた高野先生に審査していただけたことは、この上なく光栄なことでした。その他にも、修士論文の副査をしていただいた渡部昭男先生（現：大阪信愛学院大学）、折に触れて声をかけ励ましてくださった船寄俊雄先生（現：大阪信愛学院大学）にも御礼申し上げます。このような温かな先生方にご指導いただきながら、院生時代を過ごせたことは誠に幸運なことでした。改めて感謝申し上げます。

　学会活動や研究会等に参加する中で、他大学の先生方にも本研究に対してご指導・ご助言を賜りました。佐藤仁先生（福岡大学）には、学会発表等に際して、示唆的なご助言や励ましのお言葉を賜り、独自色の強い私の研究が少しでも良くなるようにお力添えいただきました。髙橋哲先生（大阪大学）には、米国での調査をご支援いただいたほか、研究を駆動する熱い想いの大切さを教えていただきました。黒田友紀先生（日本大学）には、米国教育に関する幅広い見識や、制度と実践とを架橋する問題意識にとても学ばせていただきました。松下丈宏先生（東京都立大学）には、初めて全国学会で発表した際、私の荒削りな研究に温かなお言葉をかけていただき、研究を大きく後押ししていただきました。竺沙知章先生（京都教育大学）には、専門分野だけでなく幅広い知見を持つことの重要性など、的確かつ重要なご助言をたくさんいただきました。様々な先生方のご支援があって、私は研究を進めることができました。この場を借りて御礼申し上げます。

神戸大学大学院人間発達環境学研究科では、先輩・後輩・同期にも恵まれました。山下研究室でお世話になった、髙橋（可児）みづきさん、榎景子さん、西野倫世さん、長尾悠里さんに御礼申し上げます。ゼミでは、先輩・後輩問わず、研究においては対等に、優しくも厳しく、何よりも楽しく、研究談議をさせていただけたことはこの上なく幸せなことでした。また、博士後期課程の同期の惟任泰裕さん、馬場大樹さんと、幾度となく長時間にわたり研究談議をできたことは非常にありがたいことでした。厄介な性格の私を仲間として受け入れてくれたことに心から感謝しています。これからも切磋琢磨し、知的刺激を与え合い続けられることを願っています。

　振り返れば、多くの方々にお支えいただいてきたことを改めて実感し、どれほど恵まれた環境で研究を進められてきたことかと、そのありがたさを痛感いたします。多くのご指導やご支援を活かしきれたとは言い難く、本研究には、未熟な点や不十分な点も多く残されていると思います。次の研究課題に向けて精進することをもって、ご容赦いただければ幸いです。

　本書は、JSPS科研費 JP21K20275、JP23K22244 の研究成果の一部であり、JP24HP5145 の交付を受けて公刊されます。本書の出版にあたっては、学文社の落合絵理さんに多大なるご協力をいただきました。度々の細かなご相談にもいつも丁寧にご対応いただき、非常に心強く、安心して執筆作業にあたることができました。心より御礼申し上げます。

　最後に、私ごとで恐縮ですが、これまで支えてくれた家族にも、この場を借りて感謝を述べさせていただきます。とりわけ両親は、長い間、学生生活を送り、先の見通しもなかなか立たない娘に、内心、非常に心配していたと思います。余計な口出しをせず、見守ってくれた両親がいたから、研究者としての道を歩み出すことができました。今後も、皆さまへの感謝の念を大切に、研鑽を積んでまいりたいと思います。

2025年2月

太田　知実

索　引

人名索引

あ行
伊藤亜希子　24
上森さくら　14, 24, 43
牛渡淳　65
榎景子　87, 158
エンゲストローム（Engeström, Y.）　163, 171, 176
岡野八代　139
オテロ（Otero, A.）　137
小野田正利　22

か行
ガーウィン（Gerwin, D.）　54, 59, 60, 65, 66
勝田守一　136
久冨善之　9, 23, 159
グレイ（Grey, L.）　54, 56, 57, 65, 66
黒崎勲　136
黒田友紀　65
ゲイ（Gay, G.）　162-166, 175
コクラン＝スミス（Cochran-Smith, M.）　11, 24, 27, 28, 30, 36, 42-44, 162, 174
小森淳子　23

さ行
ザイクナー（Zeichner, K.）　11, 14, 15, 24, 27, 31-38, 42, 43, 85, 162-165, 169-175
齋藤純一　113, 123, 125, 126, 136, 138
齋藤眞宏　175
ザイドル（Seidl, B.）　95-97, 164
佐藤仁　13, 24, 42, 50, 65, 66, 85
佐藤学　5, 18, 22, 23, 43, 65, 106, 109, 110, 150, 153, 159
ジグムント（Zygmunt, E.）　68-71, 73-77, 79, 80, 83, 85, 86, 164
ジャップ（Jupp, J. C.）　89, 91, 97, 100, 109, 110, 164, 174
ショーン（Schön, D.）　6
ジルピン（Gilpin, L. S.）　107, 110
杉原真晃　9, 23
スリーター（Sleeter, C.）　12, 14, 15, 24, 27, 37, 39, 40, 43, 74, 85, 86, 90-92, 109, 162-164, 175

た行
高野和子　7, 10, 23, 158
高野貴大　12, 13, 24, 43, 66, 87, 174
髙橋哲　22, 138
竹内常一　8, 9, 23, 86, 87, 152, 153, 158
ダーリング-ハモンド（Darling-Hammond, L.）　49

な行
仲田康一　136
中西新太郎　8, 23
中村雅子　14, 24, 44, 109
ヌスバウム（Nussbaum, M. C.）　78, 86, 98, 110

は行
浜田博文　23, 110
平塚眞樹　8, 23, 87
ファブリカント（Fabricant, M.）　114, 122-125, 127, 136-139, 164
ファーロング（Furlong, A.）　8
ファンズワース（Farnsworth, V.）　101-104, 110, 164
船寄俊雄　5, 23
堀尾輝久　113, 136

ま行
前原裕樹　109, 159
松尾知明　14, 24, 42
マレル（Murrell, P.）　163, 164, 166-170, 173, 175

や行
山下晃一　18, 25, 66, 87, 110, 112, 136, 150, 158, 159, 176
油布佐和子　7, 23, 65

ら行
ラドソン-ビリングス（Ladson-Billings, G.）　162, 163, 165, 166, 175
ローウェンスタイン（Loweinstein, K. L.）　91, 92, 109

わ行
渡部昭男　23

事項索引

あ 行

アイデンティティ　82, 101, 164, 166, 167
アカウンタビリティ　28-30, 117
アセスメント・学習・公平性のためのスタンフォードセンター（SCALE）　49
アメリカ教師教育大学協会（AACTE）　30, 48
安心感　71, 72, 74, 127
安全な避難所　125
異質な他者　112, 114, 117, 119, 128, 129, 135
一人称　56-59, 62, 143
edTPA（educativeTeaching Performance Assessment）　20, 46-49, 51-64, 142, 143
意図せざる帰結　18
ヴァルネラブル　153
エンパワーメント　78
オルタナティブルート　25, 169

か 行

学習ニーズ　49, 50, 51
学生への期待　13, 16, 31, 40, 41, 141, 142, 165, 166
学生への否定的理解　41, 92, 94
学問知　33, 34, 170
学力格差　31, 49, 172
過剰適応　9
学校改善　118-122
学校教育の意義　81, 84
学校参加　112-114, 119, 120, 134, 135
学校文化　34, 37, 40, 80, 103
学校や教育を支える社会的基盤　83, 84
カラーブラインドネス　39
歓迎された空間　77
観察実習　55, 56
感情　81, 102, 113, 121, 125, 130, 151
感情的な危機　38, 94
関与型　171, 172
緩和支援　99, 100
傷つき（く）　23, 84, 148, 158
規制緩和　169
忌避感　7, 14, 64
窮屈さ　78, 81, 84, 97, 155
救出のヒーロー　92
教育関係　158
　——の再編　151

教育実習　11, 32, 46, 49, 101, 103, 142
教員志望学生への期待→学生への期待
教員の専門性（論）　5, 12, 33, 162
教員離れ　3, 4, 6, 14-18, 21, 92, 131, 146, 154
教員養成の"場"　19, 148, 169, 170
　——の拡張　17
教会　69-72, 74, 77, 80, 82, 95
共感・受容　71, 123, 126, 130, 131, 145
共感的理解　154
教職員組合（UFT）　116-118, 131, 132
教職専門開発学校（PDS）　32, 33, 101, 168
教職（を）断念　5, 12, 18, 38, 143, 149
教職の自由や創造性　45, 142
教職の他律化　7
クイーンズカレッジ（ニューヨーク市立大学）　20, 45, 47, 48, 53, 54, 63, 64, 142, 143, 149, 164
ケア論　128
欠陥枠組　37, 39, 77, 91
権威性　93, 94, 100, 102, 103, 105-108, 111, 136, 144, 145, 151-153, 156, 174
嫌悪感　17, 21, 42, 78, 94-99, 142, 146, 147, 155
言語　11, 39, 50-52, 60, 125
言語的なニーズ　50
建設的な批判　53, 54, 59, 61
現代若者　6-8, 10, 156
現場経験　11, 162-164
権力関係　150, 170
権力構造　34, 170
権力性　11, 18, 33, 34, 38, 41, 78, 90, 93, 96, 102-104, 106-109, 111, 136, 144, 145, 151, 152, 155, 156, 174
公共性　12, 112, 114, 117, 119, 124, 126, 127, 129, 134, 135
公共の空間　153
公共の使命　5, 17
公共のスキル　112, 129
公共の責任感　97, 100
公権力　108
肯定的・ケア的　78, 85, 149
公民権運動　30, 82
個人帰責的　44, 92, 113
個人的な気質　76, 100, 108, 143
個人的・文化的・地域的特徴　53, 61
孤独感　77, 84, 144, 147

索　引　195

コミュニティ　163, 167-169
コミュニティ・オーガナイザー　118, 123, 137, 168
コミュニティ・オブ・プラクティス　168, 175
コミュニティ教員　163, 167
コミュニティ・コントロール運動　118, 119, 127
コミュニティ組織　112, 114, 115, 118, 119, 121, 122, 129
コモンコアスタンダード（CCSS）　47, 51, 62

さ 行

罪悪感　17, 92, 96, 99, 120, 144, 147
CIP（Community Involvement Program）　122, 123, 128
支援的　21, 53, 70, 83, 131, 133, 150
支援的・ケア的　46, 142, 164
自己形成　82, 101
自己肯定感　32, 81, 82, 125
自己省察　49, 52
　——課題　56
自己正当化　133
自己責任　8, 150
自己否定感　113, 128
自己評釈　50, 54, 58-61
自己へのケア　128
自己保身的　107
自己抑圧　94
CC9（The Community Collaborative to Improve District 9 Schools）　114-130, 134-137, 150
市場原理　29
自信　125, 133
自責感　96, 97, 100, 128
実践知　33, 34, 170
質保証　85, 169
私的経験　121-125, 127, 129, 130, 134, 135
社会改善　119, 121, 135
社会経済的な位置　154
社会構成主義　170
社会構造　8, 31, 57, 58, 64
　——の変革　96, 97, 167
社会構造上の不公正　84, 166
社会構造的背景　10
社会正義　31, 33, 39, 49, 51, 57, 61-64, 80, 101, 104
社会正義を志向する教師教育　10-11, 13, 24
社会的位置　98, 106
社会的構造　14, 37
社会的資源　19
社会的・実存的基盤　98
社会的承認　9
社会的諸力　128
社会的に不利な状況　128
社会的・文化的規定性　92
社会的マイノリティ　17, 36, 154, 155
社会的優位（性）　37, 81, 96, 98, 102, 108, 152
社会的要請　5, 148
社会的予期　25, 57, 62, 66, 158
社会的・歴史的・政治的文脈　28
社会的劣位　112-114, 125, 126
社会不公正　58, 155
　——の再生産　37, 84
　——の是正　12, 32
　——の変革　83
従事型　171, 172
主観的な省察　57
熟議民主主義　163
主体性／主体的　57, 62-64, 80, 149, 155
出発点　96, 99, 108, 146
主導的の論者　11, 12, 15, 19-21, 27, 31, 37, 38, 41, 42, 71, 89-94, 99-102, 104-107, 142, 144, 146, 161-165, 169, 171, 173, 174
自律的人間　8
人口動態的動向　28, 29
人種　117, 141, 166
新自由主義　11, 29, 30, 49, 55, 162
人種間格差　31
人種差別　30, 39, 75-78, 84, 92, 95, 96, 98, 100, 147
人種差別主義者　96, 144, 147
人種問題　19, 30, 32, 41, 58, 75, 118, 144, 161, 166
人種をめぐる認識　36, 39, 65, 83, 96, 161, 165, 171
人種をめぐる認識修正　13-15, 18, 37, 67, 70, 74, 90-92, 99, 101, 102, 107, 142, 143, 146, 148, 149, 151
真正なケア　75, 76
信念　30, 36, 57
親密圏　113, 114, 121-130, 134, 135
Schools Within the Context of Community　69
スタンダード（化）　7, 20, 45-48, 51, 55, 59,

62-64, 142, 143, 149, 169
スタンフォード大学　48
ステレオタイプ　12, 31, 36-38, 41, 42, 90, 142, 166
政策・政治的動向　28, 29
省察　6, 12, 14, 46, 48, 50, 51, 54, 56, 57, 59, 63, 64, 75, 84, 100, 101, 107, 149, 162
　――記録　68, 74-78, 80
　――実践　53
脆弱性　78, 98, 153
正当化　51-53
制度空間　19, 151
青年期教育　10
　――としての教員養成論　148
全米教師教育アクレディテーション協議会（NCATE）　30
全米教職専門性基準委員会　46
専門職化　33, 169, 170
早期の現場体験　169, 170
相互ケア　105, 106
相互承認　75, 78, 104
疎外感　42, 99, 125, 135, 142, 145, 147, 156
組織化　118-122, 129
空の容器　92
尊厳　57, 106, 107, 151

た 行

大学における教員養成　47, 53
対処療法的　121
代理者性　120
他者排斥　7, 9, 150
多文化教育（論）　14, 21, 31-33, 35, 39, 161-167, 169, 170, 172, 173
多様性と公正を志向した教員養成研究　28, 30, 36
他律的な規範　7, 8
他律的な心性　8
地域イマージョン体験　69
地域改善　121
地域カウンシル　70, 72, 74, 75, 82
地域課題解決　35, 172
地域参入型教員養成　32, 33
地域資源　32, 36
地域実習　13, 19, 20, 31, 32, 35, 36, 38, 67, 68, 74, 90, 94, 100, 101, 141, 143, 147, 149, 162, 163
地域体験活動　68, 70, 74, 83
地域知　34, 35, 170, 172
地域における不公正　80

地域への肯定的理解　94
地域メンター　70-75, 77, 79, 172
地域理解　73, 83
知的動向　28, 29
抵抗感　14, 17, 72, 73, 92, 94, 99, 102
特権性　40, 74-77, 81, 84
努力・反省不足の帰結　40, 42, 94, 96, 108, 148

な 行

ニューヨーク市サウスブロンクス　111, 112
認識修正　30, 36, 38, 40, 41, 77, 79, 84, 94-96, 107, 108, 144, 155
　――の出発点　99, 148

は 行

排斥　118, 119, 129
排他的競争　147
白人性（whiteness）　37-39, 93, 94, 97, 98, 100-106, 161-163, 174
白人中心主義　12, 34, 37, 80
パターナリスティックな善意　103
パフォーマンス評価　46, 142, 169
反省的実践家　6
反動的・反抗的（な）態度　12, 20, 38, 39, 42, 94, 142, 148
PAC（Parent Action Committee）　115, 116, 118, 119, 124, 126, 127, 137
否定的感情　14, 16-18, 38, 40, 42, 63-65, 84, 89, 93-102, 107, 108, 113, 123, 128, 133-136, 142-150, 155, 164, 174
否定的・叱責的　75, 78, 85, 149
非白人居住地域　12, 19, 20, 32-34, 36, 40, 41, 104, 141, 147
　――での実習　12, 20, 31, 42, 94, 101
被抑圧感　145, 150
貧困学区　114
貧困状態　120
貧困問題　113
ファシリテーター　29
不快感　94, 95, 97, 104, 144, 147
不公正　11, 53, 101, 102, 108, 128, 166, 172
不信感　4, 21, 33, 97, 112, 145
Books like me　81
文化応答的な教育　81, 165
文化的多様性　30, 172
文化的背景　33, 41, 90, 141
文化的ルーツ　81

索　引　197

文化に関連する教育　166
蔑視　12, 31, 147
偏見　11, 31, 37, 38, 41, 72-74, 90, 94, 155, 166, 172
弁明権　52, 53
放課後教育プログラム　69, 70, 82
保護者組織　111
補助金申請事業　72
保身　40, 53, 99
ホスピタリティ　71, 77
ホームズグループ　32
ボール州立大学　20, 67-69, 143, 147, 149
ホワイトリー地域　68, 69, 77
ホワイトリー地域カウンシル　69
翻訳サービス　122, 125

　ま　行
マジョリティ　113, 121, 135
マジョリティとしての被抑圧感　94, 98-101, 103-105, 108, 136, 144-148, 151-156
学びの共同体　6
マンシー市（Muncie）　68, 69
自らの"弱さ"や"おそれ"　98, 99, 147, 152
ミーティング　74, 75, 122-125, 127, 129, 130, 132
民主化　163, 169, 170, 173
民主主義　60, 61, 62
無力感　17, 113, 133, 135, 145, 150

メンター　35, 76, 83, 172
問題解決型研究プロジェクト　56

　や　行
優位性　17, 33, 93, 103, 106, 111, 130, 144, 156
抑圧・被抑圧構造　78, 94
弱い個人　9

　ら　行
理性的　112-114, 124, 126
リテラシープロジェクト　81, 82
リード教員　114, 116, 131-135
リード教員運営組織（LTCC）　131, 132
リード教員プログラム　115, 117, 119, 131, 133
理論　52
理論的な学び　57
理論と実践の往還　55
ルーブリック　50-53, 60, 61
歴史／社会科教育　50
歴史的・社会的・文化的文脈　47, 49, 51, 53, 61, 64
連帯型　171, 172
ロングフェロー小学校　69

　わ　行
若手教員支援職　114, 131
若手教員支援制度　21, 111, 112, 114, 115, 119, 145

【著者紹介】

太田 知実（おおた ともみ）

1992年大阪府生まれ。神戸大学発達科学部卒業、同大学院人間発達環境学研究科博士課程修了。博士（教育学）。現在、聖隷クリストファー大学助教。専攻は、教師教育学・教育制度論。

主要論文

「米国教員養成制度における「スタンダード化」への対応実践の展開とその意義─志望者の主体的な学びを大学側はいかに支援できるか─」『教育制度学研究（日本教育制度学会）』第25号（2018）

「米国教員養成制度の"場の拡張"に伴う志望者理解の転換とその意義─人種問題の克服をめぐる論争と地域に根ざす新たな実践へ─」『日本教育制度学会紀要特別号─教育制度学研究の成果と展望』（2023）（優秀論文賞受賞）など。

教員志望学生の不安や悩みをどう理解するか
─現代アメリカにおける支援実践から─

2025年2月25日　第一版第一刷発行

著　者　太田　知実

発行者　田中　千津子

発行所　株式会社 学文社

〒153-0064　東京都目黒区下目黒3-6-1
電話　03（3715）1501（代）
FAX　03（3715）2012
https://www.gakubunsha.com

©Tomomi OTA 2025　　Printed in Japan　　印刷　新灯印刷㈱
乱丁・落丁の場合は本社でお取替えします。
定価はカバーに表示。

ISBN 978-4-7620-3408-4